Tucholsky Wagner Zola Scott Sydow Freud Schlegel
Turgenev Fonatne Wallace
Twain Walther von der Vogelweide Fouqué Friedrich II. von Preußen
Weber Freiligrath Frey
Kant Ernst
Fechner Fichte Weiße Rose von Fallersleben Richthofen Frommel
Hölderlin
Engels Fielding Eichendorff Tacitus Dumas
Fehrs Faber Flaubert
Maximilian I. von Habsburg Fock Eliasberg Zweig Ebner Eschenbach
Feuerbach Ewald Eliot Vergil
Goethe Elisabeth von Österreich London
Mendelssohn Balzac Shakespeare Dostojewski Ganghofer
Lichtenberg Rathenau Doyle Gjellerup
Trackl Stevenson Hambruch
Mommsen Tolstoi Lenz Droste-Hülshoff
Thoma Hanrieder
von Arnim Hägele Humboldt
Dach Verne Hauff
Reuter Rousseau Hagen Hauptmann Gautier
Karrillon Garschin
Defoe Baudelaire
Damaschke Hebbel
Descartes Hegel Kussmaul Herder
Wolfram von Eschenbach Dickens Schopenhauer
Darwin Melville Grimm Jerome Rilke George
Bronner Bebel Proust
Campe Horváth Aristoteles
Voltaire Federer
Bismarck Vigny Barlach Herodot
Gengenbach Heine
Storm Casanova Tersteegen Gilm Grillparzer Georgy
Chamberlain Lessing Langbein Gryphius
Brentano Lafontaine
Strachwitz Claudius Schiller Kralik Iffland Sokrates
Bellamy Schilling
Katharina II. von Rußland Gerstäcker Raabe Gibbon Tschechow
Löns Hesse Hoffmann Gogol Wilde Gleim Vulpius
Luther Heym Hofmannsthal Morgenstern
Roth Klee Hölty Goedicke
Heyse Klopstock Kleist
Luxemburg Puschkin Homer Mörike Musil
La Roche Horaz
Machiavelli Kierkegaard Kraft Kraus
Navarra Aurel Musset
Nestroy Marie de France Lamprecht Kind Kirchhoff Hugo Moltke
Laotse Ipsen Liebknecht
Nietzsche Nansen Ringelnatz
Marx Lassalle Gorki Klett Leibniz
von Ossietzky May vom Stein Lawrence Irving
Petalozzi Knigge
Platon Kafka
Sachs Pückler Michelangelo Kock
Poe Liebermann
de Sade Praetorius Mistral Zetkin Korolenko

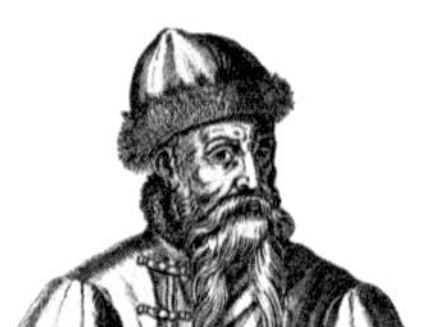

Der Verlag tredition aus Hamburg veröffentlicht in der Reihe **TREDITION CLASSICS** Werke aus mehr als zwei Jahrtausenden. Diese waren zu einem Großteil vergriffen oder nur noch antiquarisch erhältlich.

Symbolfigur für **TREDITION CLASSICS** ist Johannes Gutenberg (1400 — 1468), der Erfinder des Buchdrucks mit Metalllettern und der Druckerpresse.

Mit der Buchreihe **TREDITION CLASSICS** verfolgt tredition das Ziel, tausende Klassiker der Weltliteratur verschiedener Sprachen wieder als gedruckte Bücher aufzulegen – und das weltweit!

Die Buchreihe dient zur Bewahrung der Literatur und Förderung der Kultur. Sie trägt so dazu bei, dass viele tausend Werke nicht in Vergessenheit geraten.

Expressionismus

Hermann Bahr

Impressum

Autor: Hermann Bahr
Umschlagkonzept: toepferschumann, Berlin

Verlag: tradition GmbH, Hamburg
ISBN: 978-3-8424-8828-1
Printed in Germany

Hermann Bahr

Expressionismus

Alfred Roller in herzlicher Verehrung

Salzburg

Himmelfahrt 1914

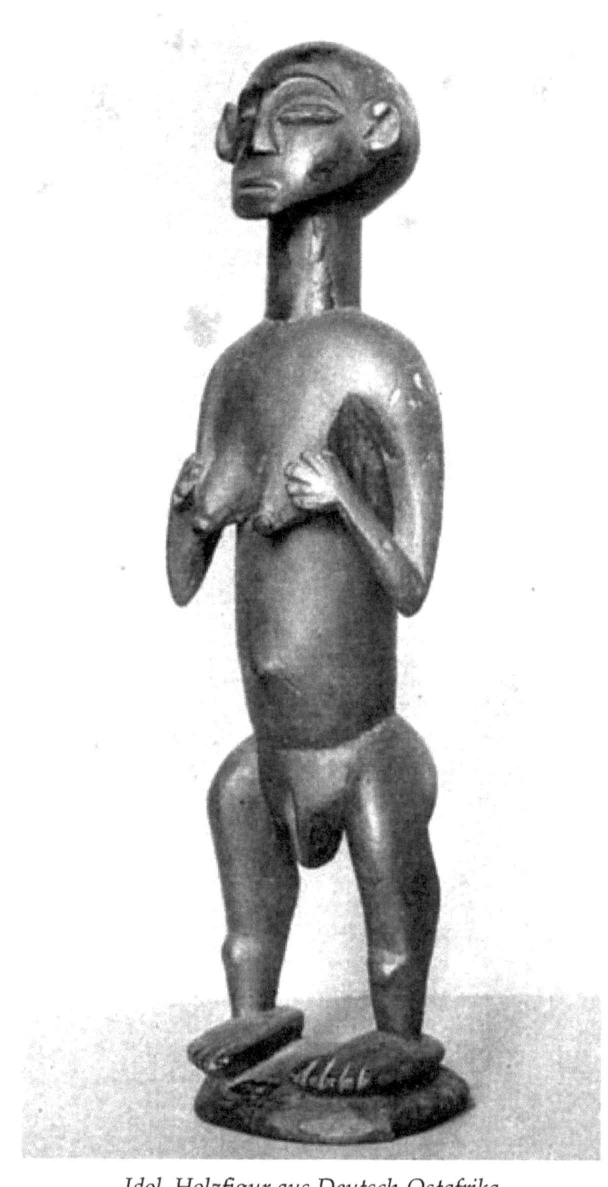

Idol. Holzfigur aus Deutsch-Ostafrika

Trost in Goethe

Diese Schrift hat sich gewissermaßen selbst geschrieben. Es erging mir seltsam mit ihr. Ich hatte sie nicht vor und staune noch, wie sie mich auf einmal überkam.

Ich spreche seit Jahren gern in Danzig. Diese Menschen sind mir lieb geworden. Sie hören gut zu und bringen dem Redner etwas entgegen, das ihn produktiver macht, als er in gemeinen Stunden ist. Ihre Teilnahme steigert ihn, ihre Gunst holt alle Kraft aus ihm heraus, und indem er sie, so leicht sie sich bewegen, so gern sie sich verlocken lassen, dabei doch kritisch aufmerksam, ja beim ersten Anlaß gleich zum Spott bereit merkt, muß er auf der Hut sein, nimmt sich zusammen und übertrifft sich selbst. Es ist mir dort geschehen, daß ich bei Vorträgen, die mir längst geläufig, ja durch Übung und Gewohnheit schon fast mechanisch geworden waren, Wendungen, Einfälle, Lebendigkeiten fand, die ich mir gar nicht anmaßen durfte, sondern, fast mit Neid, eigentlich diesen Zuhörern und ihrer geheimnisvoll mich belebenden Kraft zusprechen mußte. Darum ist es mir auch, wenn ich einen Vortrag zum erstenmal halten soll, in Danzig am liebsten. Wenn ich nämlich über etwas zum erstenmal spreche, weiß ich zwar ein und aus, ich weiß, woher und wohin, ich weiß, was ich sagen will, und auch ungefähr wie, doch liegt das alles höchst ungewiß im Schatten, es ist noch ganz ungestalt, und gar nicht weiß ich, wieviel sich davon ergreifen, festhalten, gar aber formen lassen wird. Ich bin selber immer sehr neugierig. Wenn ich nämlich nichts sage, als was ich vom Anfang an sagen will, das genügt mir nicht, sondern es muß, indem ich spreche, noch etwas dazu kommen, was mich selber überrascht, ja mir oft im ersten Augenblick gar nicht recht geheuer ist, bis es sich dann auf einmal doch als eben das zu erkennen gibt, worauf ich insgeheim immer schon aus war; in guten Gesprächen geht's einem ja auch so: bloß dadurch, daß man einen Zuhörer hat, findet man dann, was man immer schon gesucht, aber vergeblich, solang man mit sich allein war. Nur muß der Zuhörer auch danach sein. In Danzig ist er es mir.

Nun bot mir Stadtrat Goeritz, der Leiter des Vereins, in dem ich immer spreche, das letzte Mal an, mich jetzt einmal über die neueste

Kunst auszulassen; über Expressionismus, Kubismus, Futurismus. Goeritz, der selbst einen ganz entschiedenen Geschmack, ein ganz zuverlässiges Kunstgefühl hat, sich also sicher weiß, kann es sich erlauben, auf alles einzugehen, ohne Angst, dadurch verwirrt zu werden. Und seine Leute stehen in einer starken Überlieferung so fest, daß er auch für sie nichts zu fürchten hat; die bläst so bald kein Wind um, woher er auch kommen mag. Den Stadtrat scheint's eher zu freuen, wenn er sie von Zeit zu Zeit einmal gehörig aufschütteln und zerzausen kann. Es ist ein gut versicherter Menschenschlag, dem man getrost zumuten darf, was ungewissen Geistern vielleicht gefährlich würde. Sie haben einen vortrefflichen Magen, sie werden auch den Futurismus verdauen! Und mein Goeritz hält darauf, seine Stadt mit allem zu versehen, was gut und teuer ist; es soll keiner erst nach Berlin fahren müssen, um das Neueste zu haben. So sprach er mir Mut zu, mich ja nicht zu schonen, und ich sah seinen munteren klugen Augen das Vergnügen an, einen solchen Sauerteig an mir zu haben. Als ich ihm aber zugesagt hatte, fiel es schwer auf mich, denn ich mußte ja jetzt vor allem erst einmal darüber nachdenken, wie ich denn eigentlich selbst vom Expressionismus denke. Mit dem Impressionismus bin ich aufgewachsen. Ich war Impressionist, bevor ich einen kannte. Wenn ich mich dann für den Impressionismus schlug, war es für mein eigenes Leben. Und als ich ihn nun plötzlich aber nicht mehr von den Alten, sondern von einer neuen Jugend bedroht sah, das mahnte mich daran, daß es Abend für uns wird. Ich schloß daraus zunächst nur, es sei Zeit, daß ich mit Anstand alt werden lerne. Die mit mir jung gewesen waren, wollten das aber nicht, und es verdroß mich, sie gegen die Jugend nun selbst wieder genau so töricht und ungerecht zu sehen, wie vor dreißig Jahren die Alten gegen uns. Ich schämte mich für uns alle. Die Folge war zunächst, daß ich vermied, Expressionisten zu begegnen. Mir scheint, ich hatte fast Angst, am Ende vor ihnen auch so dumm zu sein wie meine Freunde. Doch überwand ich das allmählich wieder und sagte mir: Du mußt dich darein finden lernen, daß du jetzt nicht mehr mitzutun hast, neue Menschen sind da, sie bringen der Zeit, was sie braucht; immerhin aber kannst du dir es ja ansehen! So tat ich, verstand nicht alles an ihnen, fand aber nichts, was mich erzürnt hätte: ich sah großen Willen mit reiner Leidenschaft am Werk und hatte, wenn ich es mir auch nicht immer ausdeuten konnte, doch ein starkes Gefühl schönster Verheißungen.

Weiter war ich eigentlich noch gar nicht, als ich damals nachzudenken begann, was ich den Danzigern sagen sollte. Genügt denn das aber nicht? Muß denn alles gleich »erklärt« werden? Ja kann Kunst überhaupt »erklärt« werden? Was geht es meine Danziger schließlich an, ob mir der Expressionismus gefällt oder mißfällt und aus welchen Gründen? Welchen Sinn hat es, für eine Kunst zu werben oder vor einer Kunst zu warnen? Hat es überhaupt einen Sinn, daß man über eine Kunst urteilt? Ich will den Danzigern lieber einfach zeigen, in welcher merkwürdigen Situation sich der ratlose Kunstfreund heute sieht, wie diese neueste Kunst auf ihn wirkt, was ihn an ihr empört, warum er sich und was er von ihr bedroht glaubt, und was sie will, warum sie das will und ob sie damit nicht vielleicht etwas will, was jetzt gewollt werden muß, ja vielleicht etwas, was längst schon gewollt worden ist, so daß in diesem Allerneuesten vielleicht Allerältestes der Menschheit wieder erkannt werden könnte. Diese Fragen hatten sich mir aufgedrängt, ich wollte sie nun auch den Danzigern stellen und ihnen bei der Antwort helfen. Ich war selber neugierig darauf. Und auch diesmal enttäuschten sie mich nicht, ich spürte wieder stark, wie sie mir halfen, meiner eigenen Gedanken erst selber Herr zu werden. Es wirkte stark und als ich gewahr wurde, daß sich viele dadurch wirklich gefördert, ja geradezu wie befreit fühlten, beschloß ich, es niederzuschreiben, es mochte vielleicht auch anderen behilflich sein. Ich wollte hinschreiben, was ich gesprochen hatte. Damit aber erging es mir höchst seltsam! Denn indem ich einfach niederzuschreiben glaubte, was ich in Danzig gesagt hatte, fand ich mich bald unversehens weggelockt, so weit weg, daß ich einhalten, umkehren und noch einmal von vorn anfangen mußte. Kaum aber war dies geschehen, als ich mich gleich wieder auf einem Abweg sah, und so fort und immer wieder, und ich hatte dabei noch immer das, was ich meinte, nicht herausgesagt! Mein Vortrag war schließlich mit diesen Extratouren so verflochten und umwunden, daß ich selber seine Züge kaum mehr erkennen konnte. Es wäre freilich am Ende ja nicht so schwer gewesen, ihn wieder herzustellen, ich hatte dazu nur resolut wegzustreichen oder doch die Ranken meiner Digressionen abzubiegen. Aber indem ich dies versuchte, war es mir fast wie eine Unehrlichkeit. Denn ich konnte mir nicht helfen: gerade das, was offenbar nicht recht dazu gehörte, schien mir doch eigentlich vielmehr erst recht dazu zu gehören. Klar war ja jener kahle Vortrag, auch ging er geradeaus und hielt sich nicht auf, im Niederschreiben aber belaubte sich alles und umdunkelte sich, es wurde kraus. Ja in unmutigen Augenblicken gestand ich mir ein, daß es ein Herumreden um die Sache war. Aber ich konnte mir nicht helfen: so herumzureden um die Sache schien mir ehrlicher als jene Klarheit und wenn ich undeutlich wurde, so war ich desto wahrer und wenn ich nicht leugnen konnte, daß ich mich wiederholte, ja mit fast ebendenselben Worten, kam es mir vor, als hätten dieselben Worte doch jedesmal einen anderen Sinn, und erst, oft genug wiederholt, den vollen. Ich konnte mir nicht helfen, es mußte schon so bleiben, ich ließ es stehen, wenn ich auch dabei kein ganz reines Gewissen hatte.

Aber auch mein Gewissen beruhigte sich, als ich mich plötzlich eines Kapitels der Wanderjahre erinnerte, das mir immer schon geheimnisvoll nahegegangen war, jetzt aber noch eine neue Bedeutung erhielt. Es ist das elfte Kapitel im zweiten Buch. Wilhelm schreibt an Natalien, er hat etwas auf dem Herzen und siehe, da geht's ihm wie mir! Er beginnt von einem Jüngling, der, am Ufer des Meeres spazierend, einen Ruderpflock findet und bloß dadurch, daß er alles sucht, was dazu gehört, sich am Ende, er weiß selbst kaum wie, als Herrn eines mächtigen Fahrzeugs und hochberühmt unter den Seefahrern findet. Als es aber soweit ist, hält Wilhelm im Schreiben ein und muß bekennen, daß »diese artige Geschichte nur im weitesten Sinne hierher gehört, jedoch mir den Weg bahnt, dasjenige auszudrücken, was ich vorzutragen habe«. Er holt also von neuem aus und beginnt von vorne, doch nur um im nächsten Augenblick wieder zu gestehen: »Da dieses aber auch nicht ist, was ich sagen wollte, so muß ich meinen Mitteilungen von irgendeiner anderen Seite näher zu kommen suchen.« So beginnt er zum dritten Mal und erzählt jetzt von seiner Kindheit, erzählt die Begegnung mit dem schönen Knaben des Fischers, mit der sanftmütigen Tochter des Amtmanns und wie ihn da in einem Augenblick das Vorgefühl von Freundschaft und Liebe ergriffen. Schon aber stockt er wieder, denn er merkt mit einem Male, daß er ja wieder nicht sagt, was er sagen will! Und ärgerlich, fast verzagend klagt er: »Wenn ich nun aber nach dieser umständlichen Erzählung zu bekennen habe, daß ich noch immer nicht ans Ziel meiner Absicht gelangt sei und daß ich nur durch einen Umweg dahin zu gelangen hoffen darf, was soll ich da sagen! wie kann ich mich entschuldigen! Allenfalls hätte ich folgendes vorzubringen: Wenn es den Humoristen erlaubt ist, das Hundertste ins Tausendste durcheinander zu werfen, wenn er kecklich seinem Leser überläßt, das, was allenfalls daraus zu nehmen sei, in halber Bedeutung endlich aufzufinden, sollte es dem Verständigen, dem Vernünftigen nicht zustehen, auf eine seltsam scheinende Weise ringsumher nach vielen Punkten hinzuwirken, damit man sie in einem Brennpunkte zuletzt abgespiegelt und zusammengefaßt erkenne?« Er kann sich nicht anders helfen und sie, an die er schreibt, sie muß sich »eben in Geduld fassen, lesen und weiterlesen; zuletzt wird denn doch auf einmal hervorspringen und ganz natürlich erscheinen, was, mit einem Worte ausgesprochen, dir höchst seltsam vorgekommen wäre.« Das war mir nun ein rechter Trost, wenn ich auch freilich, im selben Atem noch, mich gleich wieder fragte: Ist denn das ein Trost? Ist es denn nicht der alternde Goethe vielleicht? Ist es nicht vielleicht ein Zeichen des Alters, das um seine Gedanken nur noch in Gleichnissen schweifend kreisen kann, statt sie mit scharfen Worten tapfer aufzuspießen? Aber nein! Ging es denn dem jungen Goethe besser? In einem Briefentwurf Kestners an Hennings vom 18. November 1772 heißt es: »Im Frühjahr kam hier ein gewisser Goethe aus Frankfurt, seiner Handthierung nach Dr. Juris, 23 Jahre alt, einziger Sohn eines sehr reichen Vaters, um sich hier – dies war seines Vaters Absicht – in Praxi umzusehen, der seinigen nach aber, den Homer, Pindar usw. zu studieren, und was sein Genie, seine Denkungsart und sein Herz ihm weiter für Beschäftigungen eingeben würden.« Und weiter: »Er hat sehr viel Talente, ist ein wahres Genie, und ein Mensch von Charakter, besitzt eine außerordentlich lebhafte Einbildungskraft, daher er sich meistens in Bildern und Gleichnissen ausdrückt. Er pflegt auch selbst zu sagen, daß er sich immer uneigentlich ausdrücke, niemals eigentlich ausdrücken könne: wenn er aber älter werde, hoffe er die Gedanken selbst, wie sie wären, zu denken und zu sagen.« Der junge Goethe gesteht also nicht bloß, daß er sich immer nur »uneigentlich« ausdrückt, niemals »eigentlich« ausdrücken, niemals die Gedanken selbst, wie sie sind, sagen kann, er gesteht noch mehr, er gesteht, daß er die Gedanken selbst, wie sie sind, nicht einmal denken kann, daß er also schon »uneigentlich« denkt. Erst wenn er einmal älter sein wird, hofft er, daß er die Gedanken selbst, wie sie sind, wird denken und sagen können. Als er aber alt geworden war, hat er erkannt, daß all unser irdisches Denken und Sagen immer

»uneigentlich« bleibt: die Wahrheit ist zugegen, aber verborgen. Jenes Geständnis des jungen Goethe wirkt noch merkwürdiger, wenn man es fast aufs Wort beim jungen Augustinus wiederfindet: »Nun stand ich in meinem dreißigsten und steckte noch immer in dem gleichen Schlamme, begierig nach den flüchtigen und zerstreuenden Gütern des Augenblicks und zu mir sprechend: morgen werde ich es finden, deutlich wird es sich kundgeben, und ich werde es festhalten.« Als aber dann die Wahrheit dem heiligen Augustinus von Gott dargereicht wurde, in jener erhabenen Stunde mit seiner Mutter Monika, da diese beiden gesegneten Menschen »die Weisheit, durch welche alles besteht, in einer Verzückung des Herzens leise berührten«, da hat auch er erkannt, daß vor ihr alles verstummt, »jede Sprache und jedes Zeichen!« (Hertling »Augustin«, bei Kirchheim in Mainz, Seite 28 und 55). Und so gering und unscheinbar auch irgendeine Wahrheit sein mag, sie hat, um wahr zu sein, dies mit der höchsten gemein, daß sie größer ist als alles Denken und Sagen der Menschen. Sie schwebt über uns und ist uns schon entschwebt, wir können ihr nur eilends winken. Und wer in unverdrossenem Bemühen auch nur den Schatten auch nur der kleinsten Wahrheit berührt, dem versagt die Rede; da steht er und muß mit der Mechtild von Magdeburg klagen: Nun gebricht mir mein Deutsch! Was reden wir dann noch? Was schreiben wir gar? Wäre das am Ende nur ein atavistisches Übel? Aber vielleicht ist alles Reden, alles Schreiben nur ein Händeringen unserer inneren Not. Und jeden tröstet es doch, wenn er auch den anderen die Hände ringen sieht.

Geschmack

Selig sind, die Geschmack haben, auch wenn es ein schlechter Geschmack ist, sagt Nietzsche. Aber wer kann sich heute dieser Seligkeit rühmen? Geschmack hat, wer auf einen Reiz ganz unüberlegt antwortet; er mag nachher aus seinem Verstande Gründe dafür beibringen, aber diese rechtfertigen sein Urteil bloß, sie veranlassen es nicht, und es kann auch sein, daß jene Antwort sich durchaus vor dem Verstande nicht zu behaupten weiß. Geschmack hat, wer unmittelbar ja oder nein sagt, bevor er noch selber weiß, warum. Geschmack hat, wer von Behagen oder Ekel überwältigt wird, ohne daß er sich helfen könnte. Aber das ist doch den »Gebildeten« allmählich ganz abhanden gekommen. Ja wir haben eine eigene Vorrichtung, um es auszutreiben: die sogenannte künstlerische Erziehung. Das Kind wird, bevor ihm noch irgendein Werk gefällt oder mißfällt, schon darüber belehrt, was ihm gefallen, was ihm mißfallen soll, so daß sich dann das eigene Gefühl gar nicht mehr hervorwagt, sondern immer erst beim Verstände, bei den anerzogenen Grundsätzen anfragt, ob es denn auch erlaubt ist. Das Kind glaubt dem Lehrer, der ihm ein schönes Bild zeigt. Es merkt sich, wie dieses schöne Bild aussieht, und wenn dann später irgendein anderes Bild es irgendwie daran erinnert, schließt es daraus, daß auch dieses Bild schön sein muß. Das Kind hat an Beispielen gelernt, was ihm zu gefallen hat, und so oft es später durch irgendein Werk an ein solches Beispiel erinnert wird, folgert es daraus, daß ihm auch dieses Werk zu gefallen hat. Was wir heute Geschmack nennen, besteht bloß aus solchen Erinnerungen. Gerät einer aber nun plötzlich an ein Werk, das ihn an nichts erinnert, so erschrickt er. Und wenn er gar dabei selbst etwas empfindet, erschrickt er noch mehr. Seiner eigenen Empfindung traut er ja nicht; das ist ihm abgewöhnt worden. Er fragt also den Verstand nach Gründen. Aber auch den Gründen traut er nicht mehr. Denn davor warnt den »Gebildeten« unserer Zeit das traurige Beispiel seiner Eltern. Er hat Angst, sich auch so zu blamieren. Er hat nämlich in jungen Jahren erlebt, daß das Urteil der Kenner in allen Künsten versagte. Es ächtete Wagner, es ächtete Brückner und Hugo Wolf, es ächtete Mahler, Reger und Strauß, alle, die er heute als Meister verehrt sieht. Er hat dasselbe mit Hebbel und Ibsen, mit Hauptmann und Dehmel erlebt. Er weiß, daß Napoleon dem ersten Bilde Manets, daß sich öffentlich zu zeigen wagte, voll Abscheu den Rücken kehrte, die Kaiserin aufschrie und der ganze Hof sich vor Lachen wand, und er weiß, daß heute jedes Museum einen Manet haben muß, und er weiß auch die Preise. Er weiß, das Millet für seinen Angelus ein paar tausend Franken erhielt, und daß man denselben Angelus dann mit achtmalhunderttausend Franken bezahlt hat. Er kann die Blamage seiner Eltern ziffernmäßig belegen. Er möchte vor seinen Kindern nicht auch einst so dastehen. Davor hat er Angst. Geschmack aber, eigenes Gefühl, das unmittelbar antwortet, ohne Gründe zu brauchen und ohne nach den Folgen zu fragen, fehlt ihm, das hat ihm die Kunsterziehung ausgetrieben. Auf Grundsätze und Regeln mag er sich auch nicht verlassen noch Autoritäten glauben, das verbietet ihm das warnende Beispiel der Eltern. Was soll er tun? Es bleibt dem Ärmsten nichts übrig als jene Angst. Auf ihr beruht, ja man kann sagen: aus ihr besteht sein Verhältnis zur Kunst. Wenn er ein Angstgefühl hat, das hält er für das Zeichen, wodurch sich ihm ein Kunstwerk ankündigt. Was ihm gefällt, hält er für unkünstlerisch, schon weil es ihm gefällt, und er wird also um keinen Preis eingestehen, daß es ihm gefällt. Wenn er zugeben soll, daß ihm etwas gefällt, muß es ihm vor allem mißfallen. Daran, daß es ihm mißfällt, glaubt er zu erkennen, daß es ein Kunstwerk ist, und so hält er sich für verpflichtet, daß es ihm gefalle. Kunst ist ihm, was ihn unruhig macht, was ihn beleidigt, was er scheußlich findet. Er sagt sich dann: Das wirkt auf mich genau so wie Wagner, Ibsen, Manet auf meine Eltern, folglich wird es in dreißig Jahren anerkannt, und ich will dann nicht der Dumme gewesen sein!

Daher kommt es, daß unsere Zeit ein Vorurteil für alles Neue hat; dadurch unterscheidet sie sich von allen Vergangenheiten. Der Bildungsphilister ist von Grund aus umgekehrt worden: er stand früher nach gestern hin, er steht heute gegen morgen zu; sein Hauptmerkmal war einst der Widerstand, sein Hauptmerkmal ist heute die Wehrlosigkeit. Man erkannte ihn sonst daran, daß er nicht vorwärts zu bringen war, man erkennt ihn jetzt daran, daß es ihm nie geschwind genug geht. Er setzt jetzt seinen Stolz darein, daß er sich bemüht, jeder neuen Erscheinung gerecht zu werden. So nennt er das; aber es bleibt freilich die Frage, ob ihr gerecht wird, wer sie nur nach ihrer Neuheit schätzt. Und das ist ja das einzige Kennzeichen, nach dem er sich an Kunstwerken orientiert. Er ist dazu erzogen worden, für ein Kunstwerk bloß gelten zu lassen, was ihn an ein Schulbeispiel erinnert; das hat er, aus Angst, sich zu blamieren, überwunden, und so läßt er seitdem für ein Kunstwerk bloß gelten, was ihn an nichts erinnert. Es muß noch nie dagewesen sein, und das bemerkt er an seinem eigenen Entsetzen. Er ist darum auch dem Werke, für das er im Augenblick schwärmt, schon im nächsten wieder untreu, weil er ja nur dafür schwärmt, solange es das Neueste bleibt, und weil er immer Angst hat, daß inzwischen vielleicht schon wieder ein noch Neueres das Neueste verdrängt hat. Daher auch seine Gereiztheit, weil er das Gefühl hat, doch immer betrogen zu sein: er will ja stets das Letzte, und keins bleibt je das Letzte, morgen muß er es wieder verleugnen. Daher auch die Eifersucht der Bildungsphilister untereinander, in ihrem Wettrennen. Sie wird noch verschärft dadurch, daß keiner mehr glaubt, dem andern gefalle das wirklich, sondern jeder bei sich jeden für einen Schwindler hält, sich selbst aber vor seinem eigenen Gewissen damit entschuldigt, man dürfe doch »nicht hinter seiner Zeit zurückbleiben«, man müsse doch »mitkommen«. Es ist niemals so schwer gewesen, so anstrengend, ein Bildungsphilister zu sein.

Was empört sich?

Wie stimmt damit nun aber, daß sich jetzt auf einmal der »Gebildete« doch wieder empört? Nachdem wir alle die letzten Jahre, zum Staunen Europas, das unser sonst eher bedächtiges, sich mühsam vorwärts arbeitendes Volk nicht wiedererkannte, und zum besonderen Vergnügen der Pariser Kunsthändler, mit Haut und Haaren stets dem Allerneuesten verfallen waren, scheinen wir nämlich plötzlich wieder entzaubert, jenes Vorurteil für alles Neueste wankt, der Wehrlose widersteht wieder, es gibt wieder Werke, über die man sich entrüstet, es wird endlich wieder tapfer geschimpft, ja sogar aller Moden Ankündiger, Ausrufer und Zutreiber von Beruf erschrecken, flüchten, fallen ab, stoßen Warnungen aus und geben das Notsignal. Was ist geschehen? Wie haben diese Kubisten, Futuristen, Expressionisten das erreicht? Wodurch entfachen ihre Bilder solchen Zorn, da man doch schon ganz verlernt hatte, sich über Bilder auch nur noch zu wundern? Wenn es doch längst Geschmack gar nicht mehr gibt, wie kann er sich empören? Oder was empört sich also? Es scheint gar nicht eine Empörung des Geschmacks, es scheint mehr eine moralische Empörung. Künstlern will man alles zugestehen, aber nicht Schwindlern! Selbst liebe Freunde meiner Jugend hör ich dies sagen. O Freunde meiner Jugend, wie wird mir da!

Leute, die seit zwanzig Jahren meinem Urteil über Maler vertrauen, sind jetzt auf einmal wütend auf mich, weil ich auch den Expressionismus zu verstehen trachte, aber das soll ich nicht dürfen! Es ist sehr komisch, wenn auch von einer etwas versalzenen Komik, sie dabei mit genau denselben Argumenten hantieren zu sehen, die vor zwanzig Jahren, als sie noch jung waren, von den Alten gegen sie gebraucht wurden. Sie bemerken nicht, daß nun sie die Alten sind. Ich aber will jung bleiben, wenigstens darin, daß ich noch immer nicht glauben kann, die Welt müsse plötzlich stillstehen. Es ist sonderbar, daß jeder Geschichte bloß bis auf sich selbst gelten lassen will; bloß bis zu seiner Geburt darf sie dauern. Sie scheint vom Anfang an nur den Zweck gehabt zu haben, ihn hervorzubringen; ist aber dieser Zweck erreicht, dann soll sie aufhören. Daß sie noch weiter will, ja gar über ihn hinaus, findet er unverschämt. Und da streiten wir nun, wer von uns eigentlich der Verräter ist. Ich beschuldige sie, ihrer Jugend untreu geworden zu sein: die hat stark ihren eigenen Ausdruck verlangt, und so verlangt jetzt eine neue Zeit wieder den ihren. Und sie beschuldigen mich, den Widersachern des Impressionismus anzuhängen, für den ich eben noch war. Aber ich bin noch immer für ihn. Seine Kunst gilt mir heute noch für den höchsten Ausdruck, den sich der Geist meiner Generation erschaffen hat. Ja für die Vollendung aller klassischen Kunst gilt sie mir. Bloß darin unterscheiden wir uns, daß ich mir nicht denken kann, meine Generation sei die letzte der Menschheit. Wenn aber nach ihr noch eine kommt, so muß diese wieder anders sein. Solange die Menschheit nicht ausstirbt, erneut sie sich, und kein Sohn wird sich je beim Werke des Vaters beruhigen. Der Freitag hat ein anders Pensum als der Donnerstag, sagt Lagarde. Das mußten auch wir uns damals von den Alten erst ertrotzen. Erinnert ihr euch denn gar nicht mehr? Und jetzt kommt eine neue Jugend und fordert wieder dasselbe Recht auf ihr eigenes Pensum. Ihr aber wollt, ganz wie damals jene, daß es immer Donnerstag bleibe. Jede Generation, scheint's, will ihren eigenen Augenblick verewigen. Und so steht ihr jetzt ebenso vor der Jugend wie damals das Alter vor euch und bringt selber wieder eben die nämlichen Dummheiten gegen sie vor, die euch damals an den Alten so erbitterten. Keine fehlt. Sogar, wenn ihr schließlich gar nichts anderes mehr wißt, die läppische Verleumdung nicht, es sei den Jungen ja nicht »ernst«, sondern bloß darum zu tun, aufzufallen um jeden Preis, den Bürger zu verblüffen, Ärgernis zu geben, sie seien nicht einmal Narren, sie seien Schwindler.

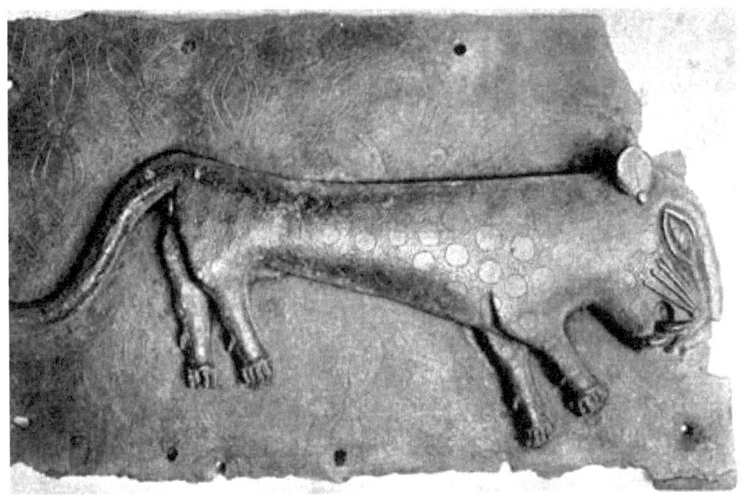

Tiger. Bronzerelief aus Benin.

Es gibt in der Kunst stets auch Schwindler.

Vielleicht mehr als Künstler. Wer den Begriff weit genug und die Forderung der Echtheit sehr strenge nimmt, kann mit einem gewissen Schein von Recht auch Praxiteles einen Schwindler zu nennen wagen, und wenn man ihn etwa an der Innerlichkeit Botticellis oder Grecos mißt, auch Raffael. Ja der richtige Puritaner der Kunst könnte finden, daß, wer überhaupt Inneres äußert, immer schon bis zu einem gewissen Grade »schwindeln« muß. Und so wird das wohl auch unter Impressionisten ja zuweilen vorgekommen sein. Keine Schule, keine Richtung ist davor sicher, in allen wird geschwindelt, aus Eitelkeit, aus Bequemlichkeit, aus Prahlerei, aus Übermut, ja oft auch aus einer Art Schadenfreude. Ich weiß nicht einmal, ob überhaupt irgend ein Künstler jemals ganz davor sicher war. Keiner ist immer in der Fülle. Den erhabenen Stunden folgen Ermattungen, Versagungen. Die schaffende Kraft tröpfelt dann nur, da hilft er ihr denn ein bißchen nach. Es ist auch gar nicht ausgemacht, daß er nicht recht hat, ein bißchen nachzuhelfen, ein bißchen zu schwindeln. Goethe hat nie geschwindelt, fast nie. Wenn es bloß tröpfelte, ließ er es eben bloß tröpfeln, unverhohlen. Es wäre zuweilen aber vielleicht gar nicht schlecht gewesen, wenn er lieber ein bißchen geschwindelt hätte. Es wäre für das Werk gewiß oft besser gewesen. Und man muß schon Goethe sein, um sein eigenes Werk so gering achten zu dürfen, daß einem wichtiger ist, nur sich selber stets ganz rein zu halten; den mittleren und gar den kleinen Künstlern geht das Werk vor, um seinetwillen fälschen sie sich und machen mehr aus sich, als sie sind, oder doch mehr, als sie gerade jetzt sind, mehr, als ihnen der Augenblick gibt. Ja je länger man darüber nachdenkt, was denn eigentlich in der Kunst schwindeln heißt, je strenger man die Frage nach der Gesinnung des Künstlers stellt, desto problematischer wird alles.

Zunächst ist es einmal gewiß, daß höchstens der Künstler selber sagen kann, ob er geschwindelt hat, und wo. Auch der Künstler selbst wird es nicht immer sagen können. Und wenn er es sagen kann, ist es unwichtig; denn wenn es ihm nur erst einmal bewußt wird, daß er schwindelt, leidet er ja viel weniger daran, als wenn er unbewußt schwindelt. Sehr oft aber sieht wie geschwindelt aus, was vielmehr Hilflosigkeit ist, und zwar eine Hilflosigkeit aus innerem

Überschuß. Arme Künstler haben es selten nötig: aber wen die Fülle der inneren Forderungen überdrängt, der kann sich in der Hast, alles zu fassen, in der Angst, nur ja nichts zu verlieren, vor lauter Empfindung bisweilen bloß mit einer Verworrenheit helfen, und es wirkt dann als Flüchtigkeit, was Flucht ist: Flucht vor dem zu reichen Segen; es wirkt als Untüchtigkeit, was gerade die reinste Gesinnung ist, die sich nichts, aber auch gar nichts schuldig bleiben will. Das kann kaum der Künstler selbst seinem eigenen Werk ansehen. Wie will es erst ein anderer, von außen? Jedoch die Frage geht noch tiefer; es muß nämlich erst auch noch untersucht werden, ob wir nicht überhaupt, was das Kunstwerk betrifft, die Gesinnung des Künstlers überschätzen. Der andächtige Künstler ist uns wert, er verdient es auch menschlich. Dürfen wir aber deshalb auch das Werk nach der Andacht seines Künstlers bewerten? Es gibt nichts Andächtigeres als Hausmusik, wie Dilettanten sie noch in kleinen Städten pflegen; Beethoven wird da mit Tränen in den Augen gespielt. Der Virtuose, der in der großen Stadt konzertiert, weint höchstens über die Konkurrenz. Jene haben gewiß die reinere Gesinnung, aber dieser hat die besseren Finger. Es gibt weihevolle Schauspieler, denen aber die Rührung im Halse stecken bleibt, und Windhunde, die, während ihr leidumflorter Blick den Zuschauer unten betörend entrückt, sich damit unterhalten, ihren Partner oben, gar wenn es einer von den weihevollen ist, mit Witzen aus dem Text zu bringen. Ich möchte wetten, Liebermann hat sein ganzes Leben noch nichts von der Ergriffenheit gespürt, mit der irgendein ungeschicktes Mädl Blumen für die Großmama, die bange Braut ein Kissen, »Nur ein Viertelstündchen!«, für den Geliebten stickt. Wer ist nun der Echte: der Beethoven beweinende Dilettant oder der Virtuose, der dabei schon an die Abrechnung mit dem Agenten denkt, der Weihevolle oder der Windhund, die Braut oder Liebermann? Was ist überhaupt »echt«? Und wann hat der Künstler echt zu sein? Im fruchtbaren Augenblick des ersten Einfalls oder in den langen Stunden der Ausführung? Aber wo hört denn der Einfall auf, wann wird er zur Ausführung, und muß die Ausführung nicht immer wieder von neuem zum Einfall werden?

Wir sind immer schon mißtrauisch, wenn ein Künstler auf einen äußeren Anlaß hin schafft. Aber Goethe, der Dichter der Gelegenheit – ? Es widerstrebt uns, daß ein Künstler auf Bestellung schafft.

Aber Raffael und Michelangelo, Greco und Velasquez, Rubens und van Dyck haben auf Bestellung geschaffen! Mit der Echtheit wird heute eine schreckliche Verlogenheit getrieben. Wir sind ja schon so weit, es dem Künstler zu verdenken, wenn er sich überhaupt etwas vornimmt. Ganz unbewußt wollen wir ihn, nachtwandelnd, von Gesichten überfallen; nur den Rauschkünstler, den Traumkünstler, den Wahnkünstler wollen wir! Aber der Rausch-, Wahn- und Traumkünstler Wagner, in so vielen Hoffnungen getäuscht, müde, bloß immer »stumme Partituren« zu schreiben, in seiner Verzweiflung fast daran, sich aufzugeben, entschloß sich eines Tages, mitten in der Arbeit am Ring, lieber einmal eine »Oper für die Italiener« zu machen, ein »leichter und eher aufführbares Werk zu liefern« und – es wurde der Tristan daraus. Was daraus wird, entscheidet. Was der Künstler bewußt »liefern« will, ist gleichgültig, wenn dann der Tristan daraus wird. Es kommt offenbar nicht so sehr darauf an, die rechte Gesinnung zu haben, als eine Kraft, der auch eine schlechte Gesinnung nichts anhaben kann.

Vor dem Zulauf der Anschmecker, der immer Aufgeregten, der Lüsternen, kann sich der Expressionismus so wenig schützen, als es der Impressionismus konnte. Sie sind überall dabei, das bleibt keinem erspart. Die Prüfung zu bestehen, muß er stark genug sein. Warum aber laufen sie jetzt dem Expressionismus zu, und nicht mehr dem Impressionismus? Sie sind unerfreulich, doch eins haben sie: sie wittern die Zeit, sie spüren es in den Knochen, wenn das Wetter umschlägt. Und Freunde, das Wetter schlägt um, der Mensch schlägt wieder einmal um: er stand lange nach außen, jetzt kehrt er sich wieder nach innen. Ihr möchtet euch einreden, es sei bloß eine Mode. Das scheint es in den großen Städten nur. In den großen Städten erscheint alles zunächst als Mode. Aber seht euch die Jugend im tiefen Deutschland an, die von keinen Moden weiß! Es ist noch gar nicht lange her, da kam ich in eine ganz kleine deutsche Stadt, und bei mir erschien ein junges Mädchen mit der Bitte, mir ihre Bilder zeigen zu dürfen. Sie sei keine Malerin von Beruf, sie male nur aus Lust, die Eltern hätten auch eigentlich nichts dagegen; aber was sie male, das empöre die ganze Verwandtschaft so, daß der Vater nun darauf dringe, eine so beschämende, sie selbst und die ganze Familie nur dem Gelächter preisgebende Beschäftigung einzustellen; es sei denn, daß sie verspreche, fortan vernünftig zu malen, was sie doch aber nicht könne; denn sie könne beim besten Willen nicht anders malen und so wünsche sie, schon an sich ganz irre geworden, ja fast verzweifelnd, einmal von einem Fremden zu hören, ob sie denn wirklich wahnsinnig sei! Ich kam in ihr Atelier, und es war mir seltsam, in dieser fernen kleinen Stadt im Osten plötzlich wie mitten in Paris zu sein: die junge Dame malte Matisse, ja fast bis zu Picasso hin. Sie war niemals aus ihrer Heimat fort gewesen, sie kannte die neue Malerei bloß aus Kunstzeitschriften. Sie machte sich gar keine besonderen Gedanken darüber, sie hatte nicht vor, modern zu malen. Sie malte, wie sie malen mußte, sie konnte nicht anders. Sie hätte so gern den Eltern zuliebe gemalt, es gelang ihr aber nicht, zu ihrer hellen Verzweiflung. Da sprach ich ihr Trost zu. Zwar stehe mir kein Urteil über ihr Können zu, dies eine jedoch wüßte ich: ein Maler ist, wer malen muß, nicht anders malen kann, als er malt, und sich dafür, wie er malt, hängen zu lassen bereit ist. Ja das sei sie, sagte sie, mit einem wehmütigen Lächeln. Dieses Lächeln kann ich nicht vergessen. Daß einer in der großen Stadt alles versucht, um aufzufallen, Lärm zu schlagen, Widerspruch, Spott, Erbitterung und dadurch Aufsehen zu erregen, daß er deshalb schließlich nur um jeden Preis ganz anders malt, als bisher je gemalt worden ist, und daß er also auf den Einfall kommt, den Impressionismus einfach einmal umzudrehen, das wäre diesem ungefährlich. Aber dieses liebe stille Menschenkind im Norden, das ja mit seiner Malerei gar nichts will, das bloß für sich malt, das nicht an Ruhm und Reichtum denkt! Es hätte vor zwanzig Jahren impressionistisch malen müssen. Heute muß es expressionistisch malen, es muß.

Warum? Das überlegt einmal, Freunde! Dann werdet ihr den Expressionismus erkennen.

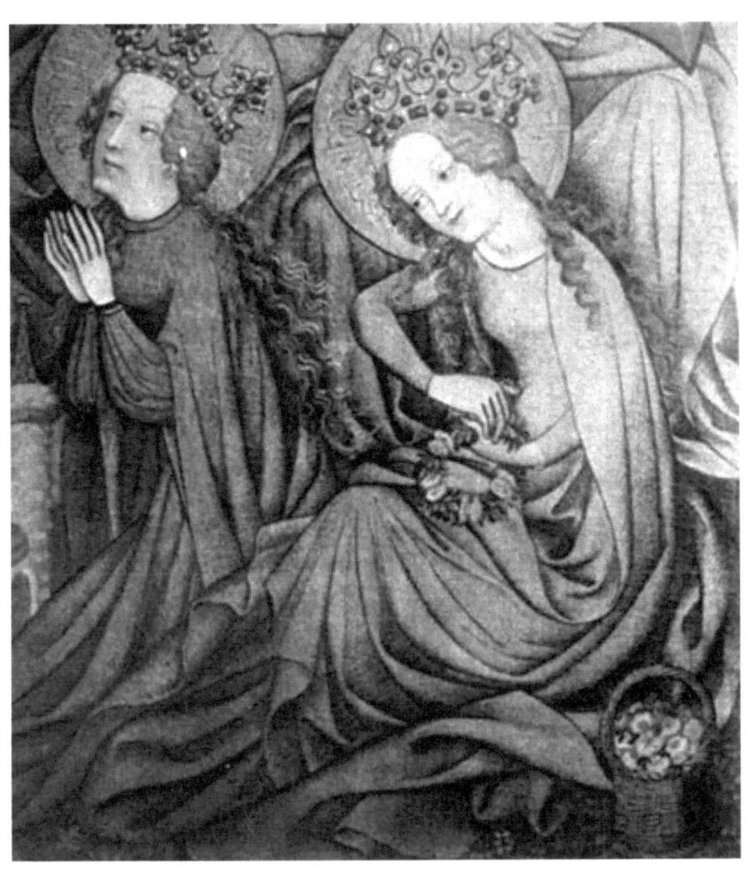

Ortenberger Altar. Mittelrheinisch um 1415

Replik

Aber es antworten die Freunde: Wenn du schon die Gelegenheit hast, Bilder, die keine sind, es aber prätendieren, Bilder, die man nach heißem Bemühen allenfalls für Andeutungen von Dächern, die im grauen Dunst der großen Stadt verschwimmen, erraten mag, aber nach der Unterschrift dann für eine Dame mit einer Mandoline sich aufschwätzen lassen soll, ernst zu nehmen, so kann man das dem Laien vergeben. Aber lies doch ihre Programme! Sie schwelgen ja in Manifesten! Es handelt sich ja nicht bloß um eine neue Kunst, nein, sie malen eine neue Philosophie, eine neue Religion, den Anbruch des dritten Reichs! Unseren braven, ehrlichen, bescheidenen Impressionismus nennt der närrische Denis eine Epoche der Unwissenheit und des Wahnsinns, aber sie malen die Erlösung der Menschheit! Lies doch nur ihre Apokalypsen! Welcher Schwulst! Welche Verstiegenheit! Welches Hexeneinmaleins! Bist du so verwegen und willst es wagen, uns Herrn Paris von Gütersloh aus dem Prophetischen zu verdeutschen? Man sieht ein Bild, das man nicht versteht, und liest dann einen Text dazu, den man noch weniger versteht. Nachbarin, euer Fläschchen! Ein ehrlicher Maler, wenn er schon nicht malen kann, macht wenigsten kein Evangelium daraus. Oder wirst du vielleicht die Zaubersprüche der Expressionisten auch noch verteidigen?

Nun kann ich ja nicht leugnen, daß es mir auch nicht ganz geheuer ist, wenn Expressionisten theoretisieren; sie reden gern im Nebel. Nichts ist überhaupt gemeingefährlicher als ein Maler, der programmatisch wird. Und selbst wenn, was sich kaum ereignet, das Programm einmal halbwegs zu dem Bilde stimmt, beweist das auch noch nichts, das Programm entsteht doch erst hinterher dazu, der Künstler schafft nicht aus Programmen, sondern will sich durch Programme vielmehr selber sein eigenes Werk erst erklären, vor dem er oft genug selbst genau so betroffen, ja ratlos steht wie die anderen. Wenn aber die Verkündigungen der Expressionisten in Finsternis schwelgen, so können sie sich auf unsere ganze Zeit berufen, die sich überall in dunklen Reden gefällt. Ich weiß nicht, ob sie recht oder unrecht hat. Aber gerade jetzt ist es mir wieder an Buber aufgefallen.

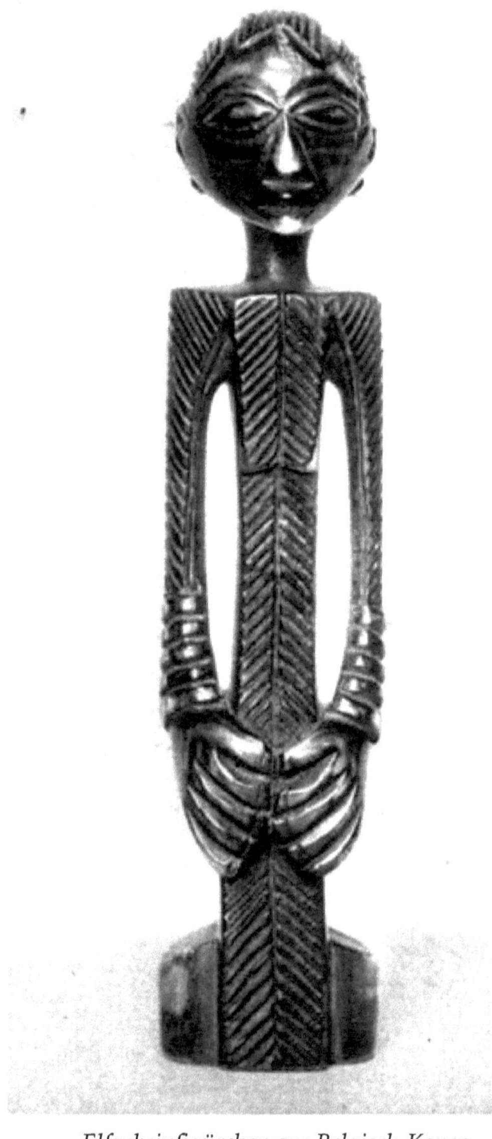

Elfenbeinfigürchen aus Belgisch-Kongo

Dunkle Rede

Kaum irgendein anderer deutscher Schriftsteller hat mich in den letzten Jahren so stark angezogen und auch festzuhalten vermocht wie Martin Buber. Was ich von ihm gelesen, erschien mir als gute Botschaft, als ein Zeichen dafür, daß die Menschheit vielleicht wieder einmal daran ist, sich umzuwenden. Er, Johannes Müller und Rudolf Steiner, diese drei vor allen, sagen uns das an. Die Menschheit hat ja die Gewohnheit, immer wenn sie eine Zeitlang ganz zum Sichtbaren hin, ganz im sinnlich Wahrnehmbaren stand – so ganz darin, daß ihr alles Unsichtbare entschwand – sich plötzlich wieder umzukehren, nun wieder zum Unsichtbaren hin, so sehr, daß sie zuletzt das Sichtbare gar nicht mehr sehen will. Das sind dann die horchenden, ins Schweigen hineinhorchenden Zeiten, denen die Nacht zu reden beginnt. Es ist jetzt gerade hundert Jahre her, da war eine solche Zeit. Und wirklich erinnert Buber sehr an Novalis. Eine so tiefe Ehrfurcht vor dem Unbegreiflichen, in das wir uns verwoben ahnen, eine so bange Sorge um unsere Pflichten, eine so zarte Scheu vor jedem leisesten Unrecht an unserer Seele, wie sein »Daniel« zeigt, ist seit Novalis unter Deutschen nicht mehr vernommen worden. »Daniel« (im Inselverlag erschienen) nennt Buber seine »Gespräche von der Verwirklichung«; es sind ihrer fünf: eins in den Bergen, das von der Richtung, eins über der Stadt, das von der Wirklichkeit, eins im Garten, das von dem Sinn, eins nach dem Theater, das von der Polarität, und eins am Meer, das von der Einheit handelt, Gespräche von den höchsten Dingen, deren das Irdische teilhaft werden kann. Mir ist das Buch seit Wochen ein lieber Gefährte, so einer, dem man so gern zuhört, weil man dabei sich selbst zu hören meint; und wirklich bleibt es ja unentschieden, ob man nicht, während er spricht mehr auf sich selber horcht und sich nur von seinem Klang angenehm begleiten läßt, wie wenn man im Garten geht und die Blätter rauschen. Dies empfand ich dabei zuweilen selbst und empfand es fast als ein Unrecht an Buber. Aber wenn ich, um es gutzumachen, mich dann zwang, aufzumerken und mir genau den Sinn seiner Reden einzuprägen, statt sie nur immer so rauschen zu lassen, erging es mir oft seltsam. Solange ich jedes Gespräch als Musik auf mich einwirken ließ, schwoll ich von Gedanken. Sobald ich einen einzelnen Satz genau zu befragen unternahm, ward ich irre. Ich mußte manchen erst dreimal, mußte ihn viermal lesen, bevor ich ihn recht zu verstehen begann. Mit meinem Griechisch ist es nicht mehr weit her, aber ich lese noch immer einen Dialog Platos leichter als einen Bubers. Beide muß ich mir erst übersetzen und Plato macht's mir nicht so schwer. Aber warum muß ich mir ein deutsches Buch erst übersetzen müssen?

Ich frage nicht müßig, auch nicht tadelnd. Aber es geht mir nahe, warum ein Schriftsteller, der mir sehr viel zu sagen hat, es mir so sagt, daß ich es mir erst mit anderen Worten sagen muß, um es allmählich verstehen zu lernen. Und einer doch, der ja des Sagens kundig und bloß damit zu spielen durchaus unverdächtig ist!

Ich weiß noch einen, der mich auch zuweilen so fragen läßt: Simmel. Sein Goethe hat mir den stärksten Eindruck gemacht, unter Qualen. Ich las ihn mit heller Freude – zum zweitenmal. Dann freilich mit doppelter Freude: nicht nur an der ganz wunderbaren Architektur des gotisch aufstrebenden Buches, sondern auch darüber, daß ich es jetzt endlich verstand! Bald darauf traf ich einen Freund und schwärmte dem davon vor. Er hatte das Buch auch gelesen, verzog aber den Mund:

»Was findest du daran eigentlich?«

Ich fing an, ihm rasch in großen Zügen den Goethe Simmels aufzubauen.

»Herrlich!« rief er unwillkürlich, auf einmal.

Ich mußte lachen:

»Nun also, was streitest du dann?«

Er wurde wütend.

»Was schwindelst du mir denn vor? Von diesem Goethe steht bei Simmel kein Wort!«

Ich holte das Buch und bewies ihm, daß ich nichts hineingelesen hatte, es stand alles deutlich da, wenn man nur erst einmal so weit war, sich darin auszukennen. Da fragte der Freund:

»Jetzt erklär mir aber nur gefälligst, welchen Sinn es haben soll, so bedeutende und bezwingende Gedanken als Rätsel aufzugeben? Wenn du seine Gedanken so ausdrücken kannst, daß ich sie gleich verstehe, warum drückt er sie so aus, daß ich nicht einmal ahne, es könnten Gedanken vorhanden sein?«

Ich frage mich das auch. Gar bei den feierlichen Botschaften, die jetzt Expressionisten oft erlassen! Auch da gelang es mir ja schon, höchste Wut, die solche Verkündigungen gemeiniglich überall entfesseln, sogleich zu beschwören, bloß indem ich den sibyllinischen Spruch in ein deutliches Deutsch übertrug. Wenn Paris von Gütersloh sich vernehmen läßt, klingt's nach den Müttern, und niemand merkt, daß dieser so rein nach dem Rechten strebende Künstler meistens die grundgescheitesten Dinge sagt, nur freilich absurd. Warum?

Ich frage mich das auch und war bisweilen auch schon geneigt, diese Mode der dunklen Rede zu schelten. Bin aber doch dann wieder davon abgekommen und nun freilich allmählich schon ganz irre geworden: ich weiß jetzt gar nicht mehr, wie man Wahrheiten vortragen soll. Dunkle Reden ärgern den Hörer, aber klare hört er gar nicht an oder überhört sie; wird ihm nämlich die Wahrheit zu leicht, zu bequem gemacht, dann achtet er sie wieder nicht. Das gilt besonders vom Deutschen, der ja nichts ernst nimmt, solang er nicht dabei schwitzen muß. So ziemlich alles Gescheite, was seit der Erschaffung der Welt gedacht worden ist, steht in der Farbenlehre, in den Wanderjahren, in Ottiliens Tagebuch; es ist seitdem noch kein neuer Gedanke hinzugekommen. Wer aber macht Gebrauch davon? Das Mächtigste, das Subtilste, Höchstes und Feinstes, ja kaum mehr zu Denkendes, da so zart, so schattenhaft ist, daß es wirklich nur im Vorüberschweben erfühlt werden kann, im Anblick selbst schon wieder Entfliehendes, das dem Ahnenden kaum den Saum eines Schleiers zurückläßt, faßt Goethe still bedächtig an und bindet es ans Wort. In manchen solchen Sätzen scheint die Sprache wirklich oft noch hinter den Gedanken zu dringen, durch ihn hindurch bis an das Urbild selbst, das sie mit leisem Schauder berührt, tief davon erklingend. Wer aber macht Gebrauch davon? Diese Stellen werden gelesen, und es wird über sie hinweg gelesen. Ja der Leser ist höchst erstaunt, wenn man ihm sagt, was sie enthalten. Es ist mir vorgekommen, daß ich einen, der im erregten Gespräch Unausgesprochenes aus Tiefen emporzuwälzen meinte, auf Stellen bei Goethe hinwies, wo das ausgesprochen ist, und – er hat's nicht glauben wollen! Auch wenn ich ihm die Stelle vorlas, noch immer nicht. So lange nicht, bis ich sie Wort für Wort in irgendeinen gelehrten Jargon übertrug. Ich mußte sie ihm erst verdunkeln, um sie ihm klarzumachen. Unser trübes Auge verträgt das volle Licht der Sprache Goethes nicht.

Denn ehrlich gestanden: mir selbst ist es auch schon so gegangen. Auch ich habe Gedanken vermeintlich entdeckt, die ich längst bei Goethe gelesen, aber dort nicht erkannt hatte, offenbar auch, weil sie dort zu sehr im Lichte stehen. So gilt Kant für »schwer«, auch nur weil er zu klar ist: er findet den notwendigen Ausdruck, wir aber sind gewohnt, immer erst einige Zeit gewissermaßen in Gedanken herumgewälzt und erst gründlich durchgeschüttelt zu werden, bevor wir auf das Notwendigste stoßen. Erst als ich mich entschloß, einmal jedes Wort Kants in seinem vollen Sinn zu denken und gar nichts dahinter zu suchen als seinen natürlichen Sinn, diesen aber ganz, da fand ich ihn klar und verstand nun erst, daß er auf Goethe gewirkt hat wie »das Betreten eines hell beleuchteten Raumes«. Es scheint aber, daß wir heute besser im Schatten denken, bei Nebel.

Dann hätte also Buber, hätte Simmel, hätten die Expressionisten ja recht? Dann wäre der mystagogische Dunst uns vielleicht ein unentbehrlicher Behelf? Dann wäre die dunkle Rede notwendig, weil nur in der Finsternis der Leser dann sein eigenes Licht leuchten läßt? Vielleicht. Denn wir sind so falsch erzogen, daß wir erst irgendwie gewaltsam aufgeschreckt werden müssen, um den Sinn der Worte zu vernehmen. Solange uns eine Rede nicht bange macht, horchen wir gar nicht hin. Thema für ein germanisches Seminar: Bangemachen als notwendiges Element der heutigen Schreibart.

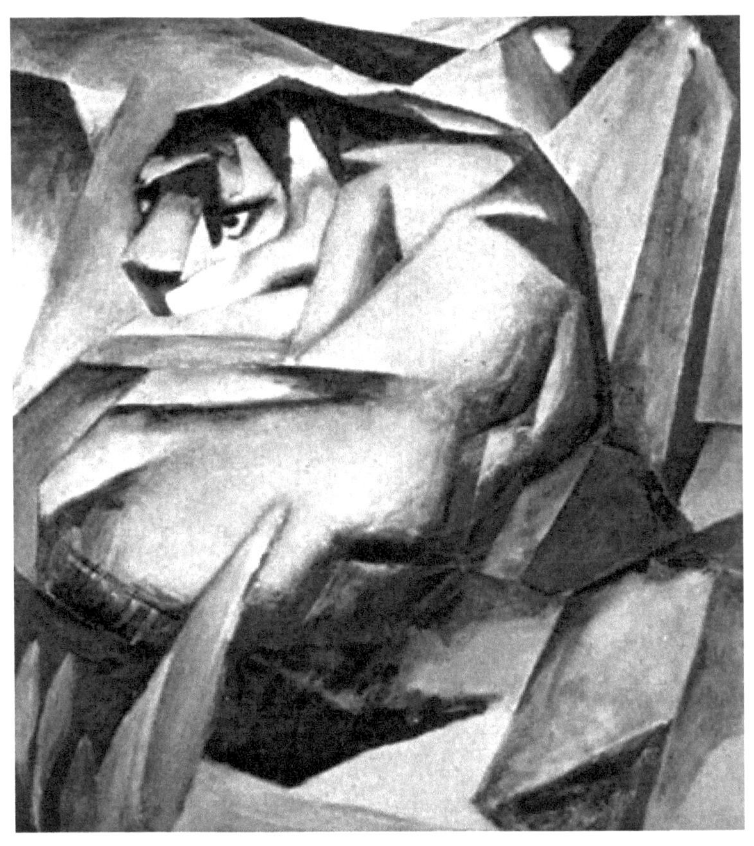

Franz Marc: Der Tiger

Beispiellos

Alle Reden der Expressionisten sagen uns schließlich immer nur, daß, was der Expressionist sucht, ohne Beispiel in der Vergangenheit ist: eine neue Kunst bricht an. Und wer ein expressionistisches Bild sieht, von Matisse oder Picasso, von Pechstein oder Kokoschka, von Kandinsky oder Marc, von italienischen oder böhmischen Futuristen, stimmt ein: er findet sie wirklich beispiellos. Das allein haben auch alle diese Gruppen gemeinsam. Die neueste Malerei besteht ja aus lauter kleinen Sekten, die einander verwünschen. Gemeinsam ist ihnen, daß sie sich vom Impressionismus ab, ja gegen ihn wenden (weshalb ich auch alle zusammen Expressionisten nenne, wenn das auch zunächst nur der Name der einen Sekte ist und die anderen dagegen protestieren werden). Gemeinsam ist ihnen, daß, wenn der Impressionismus immer ein Stück der Wirklichkeit vortäuschen, auf Illusion hinwirken will, sie dies verschmähen. Gemeinsam ist ihnen, sich allen Forderungen, die wir an ein Bild, um es nur überhaupt als ein Bild gelten lassen zu können, zu stellen gewohnt sind, leidenschaftlich zu wiedersetzen. Wenn wir uns mit keinem dieser Bilder auskennen, eins ist uns allen gewiß: sie vergewaltigen die Wirklichkeit, sie vergewaltigen den Augenschein, sie vergewaltigen die Sinnenwelt. Das ist ja der wahre Grund der allgemeinen Empörung: alles, was bisher, seit überhaupt gemalt wird, der Sinn aller Malerei war, scheint hier verleugnet und etwas angestrebt, was seitdem überhaupt gemalt wird, noch niemals versucht worden ist. So kommt es dem Betrachter vor und der Expressionist selbst wird mit dem Betrachter darin ganz einverstanden sein. Nur behauptet der Betrachter, was nicht durch die Natur beglaubigt werde, ja was vielmehr der Natur mit Absicht widerstrebe, könne niemals Kunst sein, der Expressionist aber behauptet, gerade dies sei Kunst, sei seine Kunst. Und wenn der Betrachter heftig entgegnet, der Maler könne nichts malen, als was wir sehen, so versichert der Expressionist: Auch wir malen nichts als was wir sehen! Aber darüber können sie sich nicht verständigen. Sie können sich über das Sehen nicht verständigen. Sie meinen, wenn sie vom Sehen sprechen, jeder was anderes damit. Was ist Sehen?

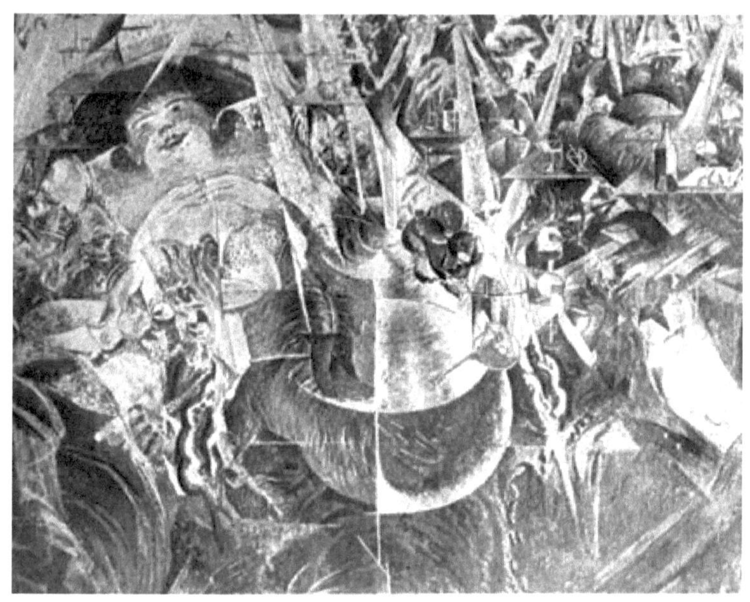

Umberto Boccioni: Das Lachen

Sehen

Alle Geschichte der Malerei ist immer Geschichte des Sehens. Die Technik verändert sich erst, wenn sich das Sehen verändert hat. Sie verändert sich nur, weil sich das Sehen verändert hat. Sie verändert sich, um den Veränderungen des Sehens nachzukommen. Das Sehen aber verändert sich mit der Beziehung des Menschen zur Welt. Wie der Mensch zur Welt steht, so sieht er sie. Alle Geschichte der Malerei ist deshalb auch Geschichte der Philosophie, besonders der ungeschriebenen.

Sehen ist zugleich ein Leiden und ein Handeln des Menschen. Je nachdem er sich dabei mehr leidend oder mehr handelnd verhält, passiv oder aktiv, je nachdem er entweder möglichst rein empfangen oder es möglichst stark erwidern will, verändert sich das Sehen, verändert sich das Bild. Immer besteht Sehen aus zwei Tätigkeiten, einer äußeren und einer inneren, einer, die dem Menschen angetan wird, und einer, die dann der Mensch ihr antut. Damit wir sehen, muß zunächst draußen etwas geschehen; das muß auf uns eindringen, ein Reiz muß uns treffen. Aber kaum trifft er uns, so antworten wir. Erst antwortet das Auge. Es erleidet den Reiz nicht bloß, es empfängt ihn nicht bloß, es läßt ihn nicht bloß geschehen, sondern gleich wird es selber an ihm tätig; es nimmt ihn auf, es meldet ihn uns an, gibt ihn weiter und schickt ihn unserem Denken zu: der Reiz wird zur Empfindung, die Empfindung wird bewußt und in unser Denken eingefügt. Schon Plato wußte, daß das Auge den Reiz nicht untätig erleidet, sondern ihn gleich sozusagen pariert; er spricht (im Timaeus) von einem Feuer, das dem Auge entströmt. Und Goethe hat immer wieder auf die »Selbsttätigkeit« des Auges, das »Eigenleben« des Auges, auf seine »Gegenwirkungen gegen das Äußere, Sichtbare«, auf das »Ergreifen der Gegenstände mit dem Auge« hingewiesen. Wenn uns der Reiz bewußt wird, hat ihn das Auge schon umgeformt; er trägt schon unser Zeichen, er gehört schon halb uns an. Und kaum ist er apperzipiert, so macht sich jetzt unser Denken über ihn her. Goethe hat gesagt, daß wir »schon bei jedem aufmerksamen Blick in die Welt theoretisieren«. Denn solange wir, was wir sehen, noch nicht bedacht haben, erblicken wir es garnicht. Erblicken ist immer schon ein Erkennen. Bloß der Reiz, der vom Auge dem Denken übergeben, vom Denken aufgenommen und ins Denken eingefügt wird, wird Gestalt. Wir sind es, die ihn gestalten. Wenn wir einen Baum sehen, haben stets wir ihn erdacht. Zum Baum wird er erst durch unser Denken. Es wäre sonst eine Farbenempfindung geblieben. Solange ich den äußeren Reiz des Baumes nicht bedenke, wird er mir höchstens allenfalls als ein grüner Fleck bewußt, den zunächst auch mein Auge selbst, ohne daß ein äußerer Anlaß notwendig wäre, hervorgebracht haben könnte. Ich muß das Grün erst bedenken, um gewiß zu werden, daß ich genötigt bin, einen äußeren Reiz dazu anzunehmen; ich muß auf ihn erst des Menschen »ureigensten Begriff« der Ursache anwenden, ich muß ihn einordnen, ich muß ihn aus meiner Erfahrung ergänzen: dann erst weiß ich, was der grüne Fleck ist, und erst, daß ich das weiß, verhilft mir dazu, daß ich nicht bloß einen grünen Fleck sehe, sondern ihn mir schließlich nach diesem so langen Verfahren als einen Baum, ja wohl gar als Eiche, Tanne, Buche deuten kann.

Zwei Kräfte wirken aufeinander ein, eine äußere und unsere innere, jede uns im Grunde gleich unbekannt. Allein genügt keine. Durch beide zusammen entsteht die Erscheinung erst. Sie ist für jeden eine andere, je nachdem sein eigener Anteil stärker oder schwächer ist, die Selbsttätigkeit seines Auges, der Grad seiner Aufmerksamkeit, das Maß seiner Erfahrung, die Kraft seines Denkens, der Umfang seines Wissens. Wenn eine dieser Bedingungen sich verändert, muß sich mit ihr auch jede Erscheinung verändern. Meistens ist sich der Mensch dieser Bedingungen ja gar nicht bewußt. Aber es kann auch geschehen, daß er sie stark empfindet, und dann kann es geschehen, daß er sie verändern will. Sobald er inne wird, daß sein Sehen immer die Wirkung einer äußeren und seiner inneren Kraft ist, kommt es darauf an, wem er mehr traut, der äußeren Welt oder sich selbst. Denn danach bestimmt sich ja schließlich alles menschliche Verhältnis. Sobald er einmal so weit ist, daß er sich und die Welt unterscheiden lernt, daß er Ich und Du sagt, daß er Äußeres und Inneres trennt, hat er nur die Wahl, entweder vor der Welt in sich selbst oder aber aus sich selbst in die Welt zu flüchten oder schließlich sich an der Grenze zwischen beiden zu halten; das sind die drei Stellungen des Menschen zur Erscheinung.

Wenn er in Urzeiten zum erstenmal erwacht, erschrickt er vor der Welt. Damit er zu sich kommen und sich empfinden kann, muß er sich erst einmal der Natur entrissen haben, und dies bleibt nun in seiner Erinnerung wach: Los von der Natur! Er haßt sie, er fürchtet sie, sie ist stärker als er, er kann sich vor ihr nur retten, indem er sie flieht, sonst wird sie ihn wieder verschlingen. Er flieht vor ihr in sich selbst. Daß er den Mut hat, sich von ihr zu trennen und ihr zu trotzen, das beweist ihm, daß in ihm eine geheime Kraft sein muß. Der vertraut er sich an. Aus sich holt er seinen Gott und stellt ihn der Natur entgegen. Eine Macht muß sein, stärker als er, doch stärker auch als die Welt. Über ihm und über ihr thront sie, kann ihn vernichten, aber kann ihn auch schützen gegen sie. Wenn sein Opfer den Gott gnädig stimmt, bannt es die Schrecken der Natur. So zieht der Urmensch einen Zauberkreis von Andacht um sich und steckt ihn mit den Zeichen seines Gottes ab: die Kunst beginnt, ein Versuch des Menschen, den Zwang der Erscheinung zu brechen, indem er sein Inneres erscheinen läßt; er schafft in die Welt hinein eine neue, die ihm gehört und ihm gehorcht. Schreckt ihn jene durch die rasende Flucht, in der Erscheinung um Erscheinung alle seine Sinne – bald das Auge, bald das Ohr, die tastende Hand und den schreitenden Fuß – ängstigen und verwirren, so beschwichtigt und ermutigt ihn diese durch die Stille, das Maß und den Gleichklang ihrer starren unwirklichen, sich ewig wiederholenden Formen; im primitiven Ornament ist der Wechsel durch die Ruhe, der Augenschein durch das Gedankenbild, die äußere Welt durch den inneren Menschen überwunden. Und wenn ihn die Wirklichkeit durch ihre Tiefe verstört dadurch, daß er sie sich nicht ertasten kann, daß sie weiter reicht, als er greifen kann, daß immer hinter allem noch ein anderes und immer wieder etwas droht, so befreit ihn die Kunst, indem sie die Erscheinung aus der Tiefe holt und sie in die Fläche setzt. Der Urmensch sieht Linien, Kreise, Quadrate, und sieht alles flach. Beides aus demselben inneren Bedürfnis, die drohende Natur von sich abzuwenden. Sein Sehen hat immer Angst, überwältigt zu werden, und so verteidigt es sich gleich, es leistet Widerstand, es schlägt zurück. Jeder äußere Reiz alarmiert sogleich den inneren Sinn, der immer bereit steht, niemals die Natur einläßt, sondern sie Stück für Stück aus der Flucht der Erscheinungen reißt, aus der Tiefe in die Fläche bannt, entwirklicht und vermenschlicht, bis ihr Chaos von seiner Ordnung bezwungen ist.

Jedoch nicht bloß des Urmenschen Sehen ist ein solches entschlossen abwehrendes Handeln auf jeden erlittenen Reiz hin, wir finden es auch auf einer Höhe der Menschheit wieder: im Orient. Dort hat der reife Mensch die Natur überwunden, die Erscheinung ist durchschaut und als Schein erkannt, und wen das Auge trügerisch in diesen Wahn verlocken will, den lehrt Erkenntnis widerstehen. Im Morgenland ist alles Sehen durch einen Zug erkennenden Mitleids gedämpft, und wohin der Weise schaut, erblickt er nur, was er weiß: das Auge nimmt den äußern Reiz auf, aber bloß, um ihn gleich zu entlarven. Alles Sehen ist dort ein Absehen von der Natur. Wir mit unseren Augen sind unfähig, uns das auch nur vorzustellen. Denn wir sehen ja, soweit der Kreis unserer Gesittung reicht, jetzt alle noch immer mit den Augen der Griechen. Die Griechen haben den Menschen umgekehrt: er stand gegen die Natur, sie wenden ihn zur Natur hin, er verbarg sich vor ihr, sie lehren ihn sich ihr anvertrauen, er geht in sie, sie nimmt ihn auf, er wird eins mit ihr. Es muß ein ungeheurer Augenblick gewesen sein. Wir haben noch Zeugen davon. In München steht der Apoll von Tenea, im British Museum sind, im Mykenischen Saal, Gefährten von ihm, und das erste Zimmer des Athenischen Nationalmuseums ist ihrer voll. Götterbilder der uralten Art sind es, auferbaut aus Furcht der Menschen, zum Schutze vor der äußeren Welt, als beruhigende Zeichen der inneren. Aber indem ein junges Geschlecht nun den ererbten Gott in der Väter Art nachzubilden strebt, regt sich unversehens ein neuer Sinn in ihm, es wird ihr untreu und die Hand, die das alte Bild des Gottes nachformen soll, läßt sich verlocken: sie holt den Gott nicht mehr aus dem Abgrund der Menschenbrust, sie sucht ihn draußen, Natur dringt ein, er belebt sich, hier löst sich ein Arm ab, dort wird die Schulter frei, das Starre regt sich, er erwacht, es ist kein Gott mehr, er ist ein Mensch geworden und der Mensch wird mit ihm Natur. Im Griechen verständigt sich der Mensch mit der Natur, sie verliert ihre Schrecken für ihn; er macht seinen Frieden mit ihr und indem er sich ihr hinzugeben wagt, hofft er, sie zu beherrschen. Die Götter ziehen auf das Feld und in den Wald ein, im geometrischen Ornament erblüht die Pflanze, regt sich das Tier; Gott und Mensch und Tier vermischen sich, alles wird eins. Es entsteht der klassische Mensch, der, nach Goethes Wort, »sich eins weiß mit der Welt und deshalb die objektive Außenwelt nicht als etwas Fremdartiges empfindet, das zu der inneren Welt des Menschen hinzutritt, sondern in ihr die antwortenden Gegenbilder zu den eigenen Empfindungen erkennt«. Alle Geschichte des Abendlandes entwickelt seitdem bloß immer noch diesen klassischen Menschen. Immer tauchen zuweilen Erinnerungen der Urzeit wieder auf und drohen warnend der klassischen Entwicklung; sie bleibt stärker. Und das Christentum kommt, mit seinem tiefen Argwohn gegen die Natur, mit seiner beseligenden Botschaft einer übernatürlichen Heimat; der klassische Mensch behauptet sich. Die abendländische Menschheit hat seinen Blick behalten, ja sie bildet den klassischen Blick nur immer noch aus. Es ist der Blick des Vertrauens zur Natur. Der Mensch kehrt sich immer mehr von seinem Inneren ab und nach außen. Er wird immer mehr Auge. Und das Auge wird immer mehr empfangend, immer weniger handelnd. Das Auge hat gar keinen eigenen Willen mehr, es verliert sich an den Reiz, bis es zuletzt ein völliges Passivum wird, nichts mehr als ein reines Echo der Natur. Goethe hat noch gefragt: »Was ist Beschauen ohne Denken?« Wir haben es seitdem erlebt. Wir könnten auf seine Frage jetzt antworten und ihm sagen, was es ist: Impressionismus.

In der Tat ist der Impressionist die Vollendung des klassischen Menschen. Der Impressionist sucht im Sehen, soweit dies nur irgend möglich ist, alles auszuscheiden, was der Mensch aus Eigenem dem äußeren Reiz hinzufügt. Der Impressionist ist ein Versuch, vom Menschen nichts als die Netzhaut übrig zu lassen. Man pflegt den Impressionisten nachzusagen, daß sie kein Bild »ausführen«. Richtiger wäre zu sagen: sie führen das Sehen nicht aus. Der Impressionist läßt den Anteil des Menschen an der Erscheinung weg, aus Angst, sie zu fälschen. Jeder aufmerksame Blick »theoretisiert« ja schon, er enthält nicht mehr bloß den einen Reiz, er enthält mehr, er enthält einen menschlichen Zusatz, und der Impressionist mißtraut dem Menschen, wie der Urmensch der Natur mißtraut. So will der Impressionist die Natur überraschen, bevor sie noch vermenschlicht worden ist, er geht an den ersten Anbeginn des Sehens zurück, er will den Reiz bei seinem Eintritt in uns erhaschen, eben wenn er uns reizt, eben während er Empfindung wird. »Gedanken ohne Inhalt sind leer, Anschauungen ohne Begriffe sind blind«, hat Kant gesagt. Erst wenn jene äußere Kraft sich mit unserer inneren Kraft berührt, entsteht Erscheinung, und diesen Augenblick der ersten Berührung, das Entstehen der Erscheinung, will der Impressionist ergreifen, wenn der Reiz, den wir erleiden, unsere Tätigkeit alarmiert, und bevor unsere aufgeschreckte Tätigkeit noch auf ihn eingewirkt und ihn umgeformt hat. Einen Moment früher und die Anschauung wäre noch blind. Sie wird erst sehend, wenn unser Denken sie anhaucht. Einen Moment später, und sie wäre nicht mehr rein. Eben in dem Moment, wo die Anschauung sehend wird, in dem wir ihr den Star stechen, fängt sie der Impressionist ab. Schopenhauer sagt: »Unter allen Sinnen ist das Gesicht der feinsten und mannigfaltigsten Eindrücke von außen fähig: dennoch kann es an sich bloß Empfindung geben, welche erst durch Anwendung des Verstandes auf dieselbe zur Anschauung wird. Könnte jemand, der vor einer schönen weiten Aussicht steht, auf einen Augenblick alles Verstandes beraubt werden, so würde ihm von der ganzen Aussicht nichts übrigbleiben als die Empfindung einer sehr mannigfaltigen Affektion seiner Retina, den vielerlei Farbenflecken auf einer Malerpalette ähnlich – welche gleichsam der rohe Stoff ist, aus welchem vorhin sein Verstand jene Anschauung schuf.« Impressionistisches Sehen läßt sich garnicht besser schildern. Es ist das Sehen einer Zeit, die den Sinnen allein vertraut, an allen anderen Kräften des Menschen aber irre geworden ist; sie hält sich an Goethes Wort: »Die Sinne trügen nicht, der Verstand trügt.« Ihr sind Mensch und Welt völlig eins geworden. Es gibt für sie nichts als Sinnesempfindungen. Wer zu diesem Zusammenhang von Sinnesempfindungen nur auch noch einen Träger zu fordern wagt und daraus auf ein Ich schließt, scheint ihr schon Mythologie zu treiben. »Das Ich ist unrettbar«, hat ihr schärfster Denker gesagt, Ernst Mach. Das Ich ist ihr verschwunden, mit ihm aber eigentlich auch die Welt. Es bleibt nichts als der Sinnenschein von Empfindungen. Zu diesem eine Ursache, ja gar zwei, durch deren Begegnung er entstehe, anzunehmen, ist ihr auch schon wieder eine Anmaßung des Verstandes, die sich nicht rechtfertigen läßt. Sie löst erst den Menschen ganz in Natur auf und merkt am Ende, daß damit auch Natur selbst aufgelöst wird. Und wieder spricht Goethe: »Die Erscheinung ist vom Beobachter nicht losgelöst, vielmehr in die Individualität desselben verschlungen und verwickelt.« Der Impressionist, den Weg des Griechen unerschrocken bis ans Ende gehend, versucht die Erscheinung vom Beobachter loszulösen. Der Schluß ist: es erlöschen dann beide.

In jenen Worten Goethes von der in die Individualität des Beobachters verschlungenen Erscheinung ist die dritte Stellung des Menschen zur Welt enthalten. Sie wird möglich, wenn der Mensch sich als Natur, aber nicht bloß als Natur fühlt, sondern als ein Zwischenwesen zweier Reiche, aus deren Wirkung aufeinander er entsteht und besteht. Er kehrt sich dann der Welt zu, gibt sich ihr vertrauend hin, läßt sie vertrauend zu sich ein, aber nicht ohne gleich immer aus sich auf sie zu antworten und ihrer Kraft mit seiner entgegenzuwirken. Er verhält sich zu ihr weiblich und männlich zugleich, empfangend und zeugend. Er erleidet sie und gestaltet sie. Sobald des Urmenschen Furcht vor der äußeren Natur einmal überwunden und solange dann der Mensch noch nicht durch Enttäuschungen seines Übermutes an seiner inneren Kraft irre geworden ist, bleibt dies das Verhältnis aller ungestörten Menschen. Unwillkürlich atmen sie die Welt ein und atmen sie, durch ihren Hauch umgeformt, dann wieder aus, freilich ohne sich bewußt zu werden, daß, was sie die äußere Welt nennen, von ihnen erst selbst mit der Welt erzeugt worden ist. Es ist sehr merkwürdig, daß, was praktisch jeder Mensch trifft, theoretisch zu begreifen solche Schwierigkeiten macht. Von allen Griechen hat es nur Plato gewußt, unser deutscher Meister Eckart ringt damit, erst Kant hat es klar ausgesprochen, bewußt erlebt hat es am reinsten Goethe. »Alle, die ausschließlich die Erfahrung anpreisen, bedenken nicht, daß die Erfahrung nur die Hälfte der Erfahrung ist –« so wehrt er allen Impressionismus des Lebens, der Wissenschaft und der Kunst von sich ab und weiß sich doch ebenso vor allem Expressionismus (der wieder die äußere Welt mit des Menschen innerer Kraft vergewaltigen will) durch sein stillbeglücktes Vertrauen zu den Sinnen zu bewahren. Der gewöhnliche Mensch hat ja auch, wenn auch bloß in seiner dumpfen Art, ein Sehen, worin die Wirkung der äußeren Kraft mit der Gegenwirkung unserer inneren Kraft, der äußere Reiz mit unserer inneren Antwort ausgeglichen ist. Der gewöhnliche Mensch sieht meistens richtiger als der Künstler. Künstlerisches Sehen wird fast immer zunächst mit einem Verlust an richtigem Sehen erkauft; dieses stellt sich auf der höchsten Stufe erst wieder her. Künstlerisches Sehen beruht auf einer inneren Entscheidung: die Augen des Leibes geraten (um noch einmal Goethisch zu sprechen) an die Augen des Geistes, und wie der Künstler diesen Streit austrägt, dadurch allein wird er erst eigentlich zum Künstler. Aber wie viele haben ihn denn jemals völlig ausgetragen? Ausgetragen und dann noch weiter gemalt, da doch dann, wenn der Streit ausgetragen, erst der Anfang ihrer Kunst erreicht wäre! So versteht man auch vielleicht das schaurige Wort jenes japanischen Malers, der sagte, das man erst mit neunzig Jahren ahnen könne, was man zu gestalten vermag. In die Mitte zwischen Impressionismus und Expressionismus zu kommen, zum vollen Sehen, das weder den Menschen durch die Natur noch die Natur durch den Menschen vergewaltigt, sondern beiden ihr Recht läßt, Naturwerk und Menschentat zugleich, gelingt dem Künstler noch am ehesten entweder in Zeiten, die, in der einen Einseitigkeit aufgewachsen, plötzlich heftig von der anderen überfallen werden (Grünewald, Dürer, Cézanne), oder wenn einer sehr eigensinnigen Zeit der Eigensinn des Künstlers gleich stark widerstrebt (Greco, Rembrandt).

Dem Leser, der es nicht schon bemerkt hat, will ich noch ausdrücklich sagen, daß ich viel von meinen Ansichten unserem verstorbenen großen Forscher Alois Riegl, besonders aber Wilhelm Worringers Schriften »Abstraktion und Einfühlung« und »Formprobleme der Gotik« verdanke und daß Chamberlains Goethebuch erst mich Goethe aus Kant verstehen gelernt hat.

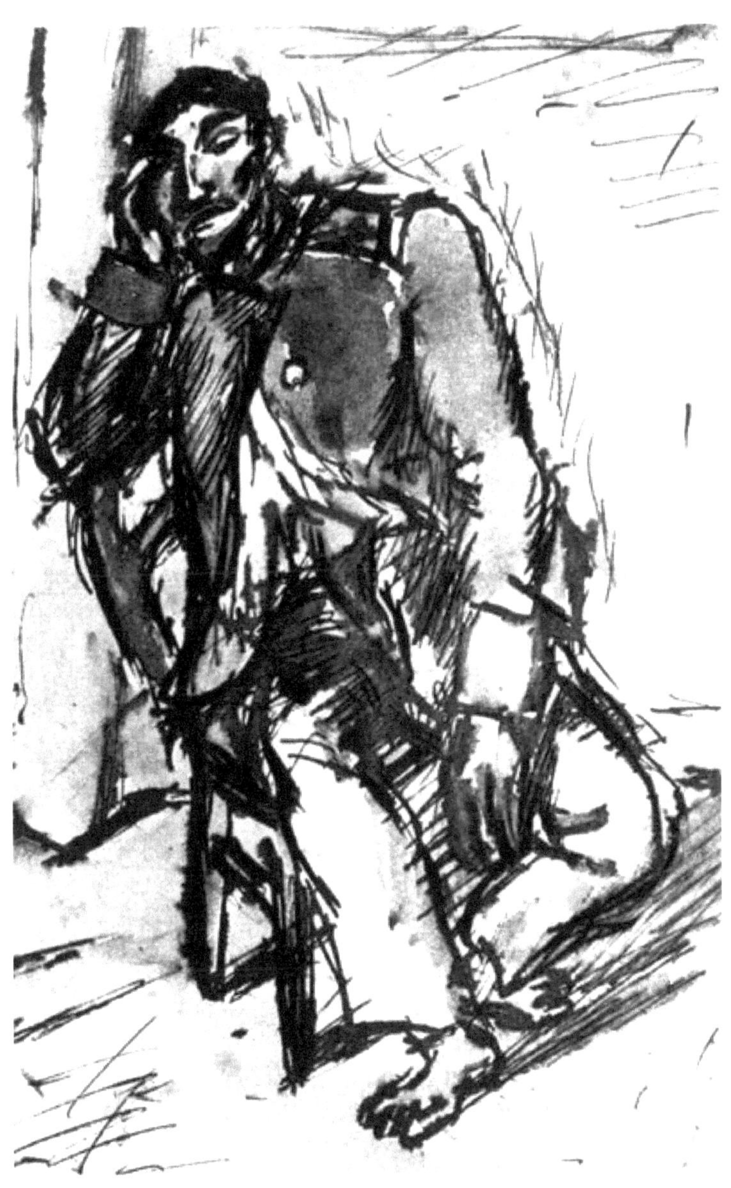

René Beeh: Der Soldat

Wer ist Riegl?

Wer ist Riegl? fragt man da. Worringer kennt man, aber von Riegl weiß der Leser nichts. Ich kann es ihm nicht verdenken, da doch auch der kleine Brockhaus, der neueste, von 1914, von Alois Riegl nichts weiß, ebenso wie er von Franz Wickhoff noch nichts weiß: die beiden größten österreichischen Kunsthistoriker, die die Kunstgeschichte von Grund aus umgeformt, ja in einem gewissen Sinne erst zur Wissenschaft gemacht haben, sind ihm unbekannt geblieben. Es liegt ja schließlich nicht so viel daran. Wenn auch ihre Namen vergessen werden, ihre Gedanken sind noch höchst lebendig, überall fühlt man sie wirken, überall dringen sie durch, es erscheint heute kaum ein Buch über Kunst, das nicht, wissentlich oder unwissentlich, ihres Geistes wäre. Und es kommt ja wirklich nicht darauf an, in welchem Namen die Wahrheit geschieht. Auch waren beide, Wickhoff wie Riegl, Oberösterreicher und das ist ein Menschenschlag, der alles lieber mit sich allein abmacht, und wenn es getan ist, sich eher versteckt, um nur nichts mehr davon zu hören. Es wäre beiden nur recht, von der irdischen Unsterblichkeit unbehelligt zu bleiben.

Riegl, der 1905, siebenundvierzigjährig, als Generalkonservator der Zentralkommission für Erforschung und Erhaltung der Kunstdenkmäler starb, nachdem er erst elf Jahre lang am österreichischen Museum gewirkt (dessen geborener Leiter er gewesen wäre, weshalb er es nicht wurde), seit 1895 aber an der Wiener Universität Kunstgeschichte vorgetragen hatte, hat Sempers Macht über die deutsche Wissenschaft gebrochen. Semper erklärte den Stil jeder Zeit aus den technischen Bedingungen. Ihm war das Kunstwerk ein mechanisches Produkt aus Gebrauchszweck, Rohstoff und Technik. Und das blieb es der deutschen Kunstwissenschaft (soweit sie überhaupt nach Gründen fragte und nicht bloß Ikonographie war), bis Riegl kam. Der empörte sich gegen dieses »Dogma der materalistischen Metaphysik« und hatte, selber ein rein vom Geist aus lebender Mensch, den Mut, um sich vor einer so mechanistischen Erklärung zu retten, eine teleologische zu wagen; er führt jedes Kunstwerk auf ein bestimmtes und zweckbewußtes Kunstwollen zurück, und zur Darstellung dieses Kunstwollens im Verlaufe seiner Erscheinungen in ihm alle Kunstgeschichte. Gebrauchszweck, Rohstoff und Technik haben für ihn nicht die »positiv schöpferische Rolle«, die Semper ihnen gibt, sondern bloß eine »hemmende, negative: sie bilden gleichsam den Reibungskoeffizienten innerhalb des Gesamtprodukts«.

Das war Riegls erste große Tat: er hat uns wieder zwischen Kunst und Handwerk unterscheiden gelehrt, er hat die Kunst vom äußeren Zweck, dem sie schon zu erliegen schien, befreit, er hat aus der Kunstwissenschaft eine Geisteswissenschaft gemacht. Er erinnerte gern an den Titel einer verlorenen Schrift des heiligen Augustinus: »De pulchro et apto«, woraus er schloß, daß schon Augustinus den Kunstzweck rein von allem äußeren Zweck, sei es Gebrauchszweck, sei es Vorstellungszweck, schied, was für Riegl der Anfang aller Kunsterkenntnis war. (Seine ganze Darstellung der Ästhetik Augustins ist übrigens prachtvoll, sie steht in dem denkwürdigen Schlußkapitel seiner »Spätrömischen Kunstindustrie«, in der, ganz unerwartet, sozusagen alles steht, was man über die Kunst zu wissen braucht, was man braucht, um Kunst lebendig zu verstehen.)

Noch mehr aber gilt mir Riegls andere Tat. Er war der Erste, der erkannt hat, daß die ganze Kunstgeschichte vor ihm subjektiv war, indem sie an alle Betrachtung der Kunst stets mit einem Vorurteil ging, nämlich mit dem Vorurteil unseres noch immer an den für klassisch ausgerufenen Werken erzogenen und durch sie geblendeten Geschmackes, der nun jedes Kunstwerk, aus welcher Zeit immer, an jenen griechischen Erinnerungen mißt und es nur soviel gelten läßt, als es sich ihnen nähert, unbekümmert um seinen eigenen Willen, den es erfüllen soll. Riegl kennt deshalb überhaupt keinen »Verfall«. Er hat einmal das erlösende Wort ausgesprochen, »daß es Verfall tatsächlich in der Geschichte nicht gibt«, und er hat sich zu der »Überzeugung« bekannt, »daß es in der Entwicklung nicht bloß keinen Rückschritt, sondern auch keinen Haltpunkt gebe«. Diese große Kunstgesinnung (die natürlich jeder Künstler hat, die aber vor Riegl kein Kunstforscher hatte, nicht einmal Burckhardt (man denke nur etwa an Burckhardts erschreckendes Unverhältnis zu Berninis Teresa, einem höchsten Werke der Kunst, oder zu Tintoretto) hat ihn befähigt, der Entdecker der spätrömischen Kunst zu werden, die vor ihm so grotesk mißverstanden geblieben war, als »Verfallskunst« oder »Barbarisierung« (durch Eindringen der Barbaren in das römische Reich seit Marc Aurel) hochmütig abgetan, bis Riegl in ihr, gerade in ihrer verachteten »Unschönheit und Leblosigkeit« vielmehr »den naturnotwendigen Ausdruck eines großen unabwendbaren Schicksals« erkannt hat, »das der griechischen Kunst von allem Anfang an vorbeschieden, aber auch im Interesse aller künftigen Kunstentwicklung ebenso notwendig war als das Christentum im Interesse der allgemeinen Kulturentwicklung der Menschheit«. Denn eben durch jene geschmähte »Unschönheit und Leblosigkeit« ist es erst geschehen, daß »die antike Schranke der Raumnegation durchbrochen und die Bahn für die Lösung einer neuen Aufgabe frei gemacht wurde: der Darstellung der Einzelform im unendlichen Raum«. Doch das muß man in jenem Buche selbst nachlesen, das aufregend ist wie für mich kein anderes nach Goethes Farbenlehre vielleicht, der es auch im Vortrag gleicht: Entdeckungen von solcher Macht, daß man aufschreien möchte, werden mit der größten Gelassenheit, eher gleichgültig, ja fast nachlässig, am liebsten in Anmerkungen vorgebracht, wie wenn sie eigentlich als ohnedies altbekannt bei jedermann vorausgesetzt werden könnten.

Riegl war Wickhoffs, des Entdeckers der julisch-flavischtrajanischen Kunst, Kollege an der Universität in Wien seit 1895, zur Zeit, wo Hugo Wolf noch lebte, Burckhard das Burgtheater, Mahler die Oper erneute, Hofmannsthal und Schnitzler jung waren, Klimt reif wurde, die Sezession begann, Otto Wagner seine Schule, Roller das malerische Theater, Olbrich, Hoffmann und Moser das österreichische Kunstgewerbe schufen, Adolf Loos eintrat, Arnold Schönberg aufstand, Reinhardt unbekannt in stillen Gassen Zukunft träumend ging, Kainz heimkam, Weininger in Flammen zerfiel, Ernst Mach seine populär wissenschaftlichen Vorlesungen hielt, Joseph Popper seine »Phantasien eines Realisten« und Chamberlain, vor der zerstreuenden Welt in unsere gelinde Stadt entflohen, hier die »Grundlagen des neunzehnten Jahrhunderts« schrieb ... Es muß damals in Wien ganz interessant gewesen sein.

Das Auge des Geistes

Also: je nachdem der Mensch zur Erscheinung steht, entweder sie von sich abweisend oder aber sich ihr hingebend oder endlich sich an ihr, sie an sich bewährend, je nachdem sieht er auch anders, nämlich bald mit dem Auge des Geistes allein, bald mit dem Auge des Leibes allein, bald mit den Augen des Geistes und des Leibes zusammen.

Als Sir Francis Galton am 17. Januar 1911 starb, wußte man in Deutschland noch nicht viel von ihm, seine Wissenschaft der Eugenik fing eben erst an, zunächst im stillen zu wirken. Den Sinn dieser Wissenschaft hat Heinrich Driesmann getroffen, als er sagte, noch wichtiger, als daß die Menschen gut erzogen werden, sei, daß sie gut geboren werden. Wie die Menschen besser geboren werden könnten, darüber hat Sir Francis sein ganzes langes Leben lang nachgedacht. Er war ein Enkel des Erasmus Darwin, kam in Birmingham zur Welt, studierte Medizin, ging 1846 auf Reisen, erst ins nördliche, später auch ins südliche Afrika, als richtiger Engländer zunächst darauf aus, sich mit den Menschen und der Welt gut bekannt zu machen, neugierig mehr nach außen gekehrt mit offenen Augen und Ohren als sich selber zugetan, für den ihm noch immer Zeit genug bleiben würde, wenn er nur erst einmal mit der Menschenart im allgemeinen vertraut geworden wäre. Als tüchtiger Geograph, als erfahrener Anthropolog kam er zurück und legte, was er sich erarbeitet hatte, in bedeutenden Schriften vor. In den fremden Ländern war er die Verschiedenheit der Rassen gewahr geworden, und das ließ ihn nun auch daheim bemerken, wie verschieden doch selbst in demselben Volke die Menschen sind, an Leib und Seele. Die Frage nach der Ursache dieser Verschiedenheit, nach ihrer Entstehung, nach ihrer Erhaltung lag nahe und, erst einmal so weit, war er schon auf dem Wege zu der Frage, der er dann seine ganze Kraft, die größte Geduld und alle pedantische Genauigkeit des Engländers gewidmet hat, der Frage, ob wir denn, da der Mensch sich ändern kann, nicht irgend ein Mittel hätten, ihn nach unserem Wunsche zu ändern, also, wie wir seit langem schon Pflanzen und Tiere züchten, nun endlich auch Menschen zu züchten. Darüber hat er Untersuchungen, Beobachtungen, Rundfragen angestellt, Vorträge gehalten, Aufsätze für Zeitungen, Berichte für wissenschaftliche Gesellschaften und Bücher geschrieben, und so ist er der Vater der Eugenik geworden, die sich jetzt in Zeitschriften und auf Kongressen allmählich die Welt erobert (es ist merkwürdig genug, daß meines Wissens noch an keiner deutschen Universität Eugenik gelehrt wird). Dabei verfuhr er, echt englisch, immer streng induktiv, unermüdlich Wahrnehmungen sammelnd, Erfahrung auf Erfahrung häufend, alle Nachrichten aufzeichnend, aber ohne jemals vorschnell Schlüsse daraus zu ziehen und Hypothesen zu wagen, oder gar Ideen, was er vielmehr mit einer ebenso bewundernswerten als unbegreiflichen Entsagung getrost der Zukunft überließ, die nur mit möglichst viel Vorrat zu versorgen seinem selbstlosen Ehrgeiz völlig genügte. Für sein Hauptwerk gilt »Inquiries into Human Faculty and its Development«. (Zuerst 1883 erschienen, jetzt auch in Everymans Library.)

Darin handelt ein Kapitel auch vom inneren Sehen. Er untersucht die Fähigkeit mancher Menschen, Gegenstände, die sie kennen, willkürlich erblicken zu können, auch wenn diese Gegenstände nicht gegenwärtig sind, auch mit geschlossenen Augen, also nicht für irgendeinen äußeren Reiz hin, sondern bloß durch die Willenskraft ihres eigenen Geistes allein. Bei Gelehrten, Künstlern, Weltleuten, Männern, Frauen und Kindern herumfragend, fand Galton, daß diese Fähigkeit nicht allgemein ist. Manche haben sie gar nicht und verstanden nicht einmal, was mit seiner Frage gemeint war. Es scheint ihnen eine bloße Redensart, wenn man etwas im Geiste zu sehen behauptet. Wer sie wörtlich nimmt, betrüge sich selbst. Fast alle Männer der Wissenschaft, die er gefragt hat, antworten so. Es ergab sich ferner, daß diese Fähigkeit nicht überall, wo sie sich zeigt, denselben Grad hat; die Kraft, Klarheit und Bestimmtheit der inneren Erscheinungen wechselt je nach dem Subjekt. Manche, besonders Frauen, auch die meisten Kinder beteuern, alles, was sie kennen, ihr Wohnzimmer etwa oder Eltern, Lehrer, Freunde oder Landschaften der Heimat, im Geiste, sobald sie wollen, so deutlich erblicken zu können, so genau, wie mit offenen Augen. Ja, wenn er daran leise zweifeln wollte, begriffen sie das gar nicht, es schien ihnen selbstverständlich. Menschen ohne diese Fähigkeiten konnten sie sich gar nicht denken. Sie ließen sich auch von ihm prüfen, antworteten richtig, ohne zu zögern, und wurden ärgerlich, wenn er meinte, daß es doch aber vielleicht bloß ein Erinnern sei, kein unmittelbares Erblicken; sie schworen, es sei ein Erblicken. I can see my breakfast-table or any equally familiar thing with my mind's eye, quite as well in all particulars as I can do if the reality is before me. Jeden Unterschied zwischen Bildern, die das Auge des Geistes sieht, und den äußeren Bildern, die das Auge des Leibes sieht, jeden Unterschied an Schärfe, Gewißheit und Realität leugneten sie. Andere freilich gaben einen Unterschied zu, sei es, daß ihnen das geistige Bild nur in den Hauptzügen deutlich, im Detail aber blaß, flimmernd und verschwommen war, sei es, daß es erst durch Anstrengung allmählich aufgehellt und ausgeführt oder auch gewissermaßen immer wieder nachgefüllt werden mußte. Noch anderen blieb es gar ganz schattenhaft, so daß einer sagte, es sei eigentlich gar nicht ein geistiges Bild zu nennen, sondern eher ein Symbol. Dagegen war es einem Redner wieder ganz leibhaft, der seine Reden zunächst niederzuschreiben pflegt, sie dann aber auswendig hält und dabei das Manuskript, das er gar nicht mit hat, im Geiste vor sich sieht, Wort für Wort; es geschieht ihm zuweilen, daß er plötzlich stockt, wenn in diesem abwesenden Manuskript, aus dem er aber ja dennoch eigentlich vorliest, irgend etwas undeutlich geschrieben oder durchstrichen und verwischt ist. Ebenso hat ein anderer behauptet, wenn er auswendig Klavier spielt, die Noten dabei vor sich zu sehen und im Geist umzublättern. Festgestellt wurde, daß diese Verschiedenheiten der geistigen Bilder nicht etwa durch Verschiedenheiten der sinnlichen Sehkraft erklärt werden können; es kommt vor, daß einer bei ganz schwachen geistigen Bildern in der Wirklichkeit sehr gut sieht, während ein anderer kurzsichtig ist und dabei dennoch die schärfsten geistigen Bilder hat. Auch aus großer Lebendigkeit der geistigen Bilder, die ja eine starke Phantasie vermuten läßt, auf Begabung zu lebhaften Träumen zu schließen, erwies sich als falsch. Ebensowenig waren Beziehungen des geistigen Sehens zum Gedächtnis zu finden: einer kann ein schlechtes Personengedächtnis haben und dennoch imstande sein, einen Menschen, den er nicht erkennt, wenn er ihm auf der Straße begegnet, mit dem Auge des Geistes, sobald er will, so deutlich vor sich zu sehen, daß er ihn zeichnen könnte. Um zu beteuern, daß zwischen dem geistigen Bild und einer wirklichen Erscheinung gar kein Unterschied an Intensität sei, wird nämlich oft diese Wendung gebraucht, das geistige Bild sei so scharf, daß man es zeichnen könnte. Ein Maler aber, der auch die Deutlichkeit seines inneren

Sehens beteuern wollte, drückte sich dazu höchst merkwürdig aus.
»Meine geistigen Bilder«, sagte dieser Maler, »sind so klar, daß,
wenn ich nicht zeichnen könnte, ich ohne Zögern sagen würde, daß
ich sie zeichnen könnte.« Das kann doch nur heißen, daß er, der sich
auf das Zeichnen ja versteht, weiß, daß seinen geistigen Bildern bei
all ihrer Schärfe, Bestimmtheit und starken Gegenwart dennoch
irgend etwas fehlt, was der Zeichner zum Zeichnen braucht. Galton
erinnerte das an die Gesichter, die wir zuweilen im Kaminfeuer
auch mit so bestimmten Zügen erblicken, daß wir meinen, sie
zeichnen zu können, aber wenn wir es versuchen, sind sie weg. Es
muß also doch irgendein Unterschied zwischen dem inneren und
dem äußeren Sehen sein, und je mehr ihm Galton nachging, desto
seltsamere Sonderbarkeiten des geistigen Sehens ergaben sich dabei. Es ergab sich, daß manche mit dem Auge des Geistes mehr
sehen, als das Auge des Leibes jemals sehen kann: das geistige Bild
enthält zuweilen mehr, als ein sinnliches jemals enthalten kann. Sie
können nämlich mit dem Auge des Geistes auf einmal sehen, was
sie sonst bloß nacheinander sehen: sie sehen mit dem Auge des
Geistes alle vier Seiten eines Würfels, eine ganze Kugel auf einen
Blick. Sie sehen also mit dem Auge des Geistes sozusagen rundher-
um. Sie beschreiben das as a kind of touchsight, als eine Art Tast-
sehen, was also so zu verstehen wäre, daß der Geist in sein Sehen
gewissermaßen auch das Tasten mit hereinnimmt; oder wir müßten
annehmen, daß er die Zeit ausschalten kann. Ja das geht so weit,
daß manche mit dem Auge des Geistes sogar sich selbst erblicken
können und imstande sind, sich in ihrem Zimmer mit Frau und
Kind bei Tisch und dabei auch noch, was an der Wand hinter ihrem
Rücken hängt, zusammen zu sehen. Womit also bewiesen wäre, daß
dieses geistige Sehen, dessen manche Menschen, in der Kindheit
fast alle, fähig sind, mehr als ein bloßes Erinnern oder ein bloßes
Reproduzieren des sinnlichen Sehens, daß es ein eigenes Produzie-
ren ist, daß das geistige Sehen eine schaffende Kraft hat, die Kraft,
eine Welt nach anderen Gesetzen zu schaffen als den Gesetzen des
sinnlichen Sehens. Wenn wir, was wir sonst mit den Augen des
Leibes sehen, nun mit den Augen des Geistes betrachten, erblicken
wir eine Welt, die uns, an jener gemessen, deformiert scheint; sie
weicht von jener ab. Wer überhaupt mit dem Auge des Geistes zu
sehen vermag, sieht anders, als er mit dem Auge des Leibes sieht,
aber freilich auch anders, als wieder ein anderer mit dem Auge des

Geistes sieht; ja ein Mensch unterscheidet sich vom andern im geistigen Sehen weit mehr als im sinnlichen, das geistige Sehen ist mehr individualisiert als das sinnliche, weil ja das Individuum selbst am inneren Sehen mehr beteiligt ist als am äußeren. Das Auge des Leibes verhält sich vor allem passiv: es empfängt, und was ihm durch den äußeren Reiz angetan wird, ist stärker als seine eigene Tätigkeit, stärker als was es selbst dann an dem äußeren Reize noch vornimmt, während das Auge des Geistes sich aktiv verhält und die Nachbilder der Wirklichkeit bloß als Stoff für seine Kraft benützt. Dies wird uns noch deutlicher, wenn wir unser geistiges Sehen einmal sich selber überlassen und nun beobachten, was es aus seiner eigenen Kraft hervorbringt, frei von aller gewollten Erinnerung, ohne von uns aufgefordert zu sein, woran es sich halten soll. Schließen wir die Augen des Leibes und warten geduldig, was geschieht, nach Goethes Beispiel!

Goethe hat in einem Aufsatz, den er 1819 über Purkinjes »Sehen in subjektiver Hinsicht« schrieb, sein inneres Sehen genau geschildert. Er empfand ja überhaupt sehr stark, was er einmal »das Eigenleben des Auges« nennt: das Bedürfnis des Auges, selbst tätig zu sein (was Schopenhauer geradezu von »Aktionen des Auges« sprechen läßt), seine »Lebendigkeit«, seine Bereitschaft, »selbst Farben hervorzubringen«. Ja, wenn er vom Auge spricht, scheint er oft von einer lebenden Person zu reden: es »verlangt durchaus in seinen Zuständen abzuwechseln«, es »kann und mag« in keinem »identisch verharren«, es ist »vielmehr zu einer Art Opposition genötigt«, die »nach einem Ganzen strebt«, und »genießt einer angenehmen Empfindung, wenn etwas der eigenen Natur Gemäßes ihm von außen gebracht wird«. Er wird nicht müde, immer wieder auf dieses Doppelwesen des Auges hinzuweisen: »Das Ohr ist stumm, der Mund ist taub, aber das Auge vernimmt und spricht. In ihm spiegelt sich von außen die Welt, von innen der Mensch. Die Totalität des Innern und Äußern wird durchs Auge vollendet.« Er wird nicht müde, immer wieder darauf zu dringen, daß »ein Unterschied ist zwischen Sehen und Sehen, daß die Geistesaugen mit den Augen des Leibes in stetem lebendigen Bunde zu wirken haben, weil man sonst in Gefahr gerät, zu sehen und doch vorbeizusehen«: denn »ohne mit Augen des Geistes zu sehen, tasten wir ... blind umher«. Darum stimmt er auch so lebhaft Purkinjen zu, der dem Auge seine eigene »Einbildungskraft« beimißt, einen Teil der »allgemeinen Seelenkraft«. Und dies veranlaßt Goethe, sein eigenes inneres Sehen zu beschreiben. Er erzählt: »Ich hatte die Gabe, wenn ich die Augen schloß und mit niedergesenktem Haupte mir in der Mitte des Sehorgans eine Blume dachte, so verharrte sie nicht einen Augenblick in ihrer ersten Gestalt, sondern sie legte sich auseinander und aus ihrem Innern entfalteten sich wieder neue Blumen aus farbigen, auch wohl grünen Blättern; es waren keine natürlichen Blumen, sondern phantastische, jedoch regelmäßig wie die Rosetten der Bildhauer. Es war unmöglich, die hervorquellende Schöpfung zu fixieren, hingegen dauerte sie solange, als mir beliebte, ermattete nicht und verstärkte sich nicht. Dasselbe konnte ich hervorbringen, wenn ich mir den Zierat einer bunt gemalten Scheibe dachte, welcher dann ebenfalls aus der Mitte gegen die Peripherie sich immerfort veränderte, völlig wie die in unseren Tagen erst erfundenen Kaleidoskope ... Hier ist die Erscheinung des Nachbildes, Gedächtnis, produktive Einbildungskraft, Begriff und Idee alles auf einmal im Spiel und manifestiert sich in der eigenen Lebendigkeit des Organs mit vollkommener Freiheit ohne Vorsatz und Leitung.«

Mit dieser seltsamen Erzählung Goethes stimmen nun manche Beobachtungen Galtons auf das Überraschendste, besonders die Mitteilungen, die ihm der Reverend George Henslow über seine »Visionen« gemacht hat, Erscheinungen innerer Bilder, die nicht seinem Willen gehorchen, sondern ungerufen kommen. Der Reverend verhält sich wie Goethe. Auch er schließt die Augen und wartet, nur denkt er sich zunächst gar nichts, er überläßt sich ganz dem inneren Auge, und es dauert nicht lange, so taucht ein Bild vor ihm auf, ganz klar, doch meistens irgendwie von der Wirklichkeit unterschieden, usually not quite natural in its shape, somewhat different from the real thing. Ganz wie Goethe kann auch er die Erscheinung nicht »fixieren«; sie verändert sich unablässig, sie quillt weiter. Er hat versucht, diese Veränderungen durch seinen Willen zu lenken; mit verschiedenem Erfolg. Zuweilen gelingt es ihm, die wechselnden Erscheinungen am Ende wieder zur ersten Gestalt, zum Anfang zurückzubringen, so daß schließlich ein Kreis entsteht, a visual cycle. Einen solchen Fall beschreibt er so: Es erscheint ihm eine Armbrust, zu der sich bald ein Pfeil gesellt, die Hand einer unsichtbar bleibenden Person taucht auf und schießt den Pfeil ab, da füllt sich der ganze Raum mit schwirrenden Pfeilen, die schon in fallende Sterne, diese wieder gleich in Flocken verwandelt sind; Schnee bedeckt das Feld, eine verschneite Pfarre zeigt sich; jetzt aber ist der Frühling gekommen, die Sonne scheint auf ein Tulpenbeet, das der Reverend aus seiner Kindheit kennt, die Tulpen verschwinden, bis auf eine, die sich verdoppelt, doch entsinken ihr die Blätter, nur der Stempel bleibt, ein aufgedunsener und angeschwollener Stempel, dem Hörner wachsen, die durch allerhand Verwandlungen der Reihe nach ein Bohrer, ein Stift, ja ganz unkenntliche Gestalten, zuletzt aber wieder jener Armbrust ähnlich werden, zu der Herr Henslow ja durch sein Denken das innere Bild zurückbringen will und wirklich, wenngleich nicht ohne Schwierigkeiten, am Ende zurückbringt. Er hat dieses diorama of a very eccentric kind nachgezeichnet, Galtons Buch bringt die Zeichnungen.

Wer sich die Mühe nimmt und selbst einmal mit den Augen des Geistes experimentiert, lernt dadurch die bildende Kunst neu verstehen. In ihrer Geschichte wechseln Epochen, die sich dem Auge des Geistes anvertrauen (wie fast alle Urkunst, wie die Kunst des Orients), mit Epochen ab, die das Auge des Leibes vorwalten lassen (wie die griechische Kunst seit der Zeit des Apoll von Tenea und jede, die sich an der griechischen bildet). Es kommen aber auch Epochen, wo das äußere mit dem inneren Sehen ringt und die Kunst sich nicht entscheiden kann (in der gotischen Plastik, im Barock und auch in jenem heimlichen Barock der Impressionisten, von dem Meier-Gräfe einmal spricht). Oder es kommt auch vor, daß ein Ausgleich versucht, ein Kompromiß geschlossen wird, daß inneres und äußeres Sehen sich zu vereinigen trachten, daß keines sich ganz durchzusetzen und das andere ganz zu verdrängen, jedes sich doch zu behaupten und des anderen zu erwehren vermag, ja schließlich eins das andere zu durchdringen, mit ihm zu verschmelzen und, indem es sich verliert, sich erst recht wiederzufinden scheint (Leonardo, Rembrandt, Cézanne). Doch bleiben in diesen höchsten Werken immer noch Stellen, denen man irgendein Mißverhältnis, irgendeine Inkongruenz anfühlt, als ob hier gleichsam mit Heftigkeit, ja mit einer gewissen blinden Angst umgeschaltet würde, in ein anderes Element hinüber; daher das fast Gespenstische dieser Werke. Goethe, die Schwierigkeit besprechend, Idee und Erfahrung zu verbinden, meint, es scheine »zwischen Idee und Erfahrung eine gewisse Kluft befestigt, die zu überschreiten unsere ganze Kraft sich vergeblich bemüht«, und diese Kluft nennt er einen »Hiatus«. Besser kann man jenen leidenden und doch auch so reizenden Zug nicht nennen, durch den die höchsten Werke der bildenden Kunst an manchen Stellen plötzlich zu klaffen, nicht recht zu schließen, ja bisweilen schon auseinanderzufallen scheinen.

Wenn Maler, die das Auge des Geistes vorwalten lassen, mit ihren Werken an ein Publikum geraten, das gewohnt ist, den Augen des Leibes zu vertrauen, oder umgekehrt, kann man sich denken, welche Konfusion entstehen muß. Wer sein Sehen niemals beobachtet hat, ist ohnedies geneigt, das Auge für ein Fenster zu halten, durch das die Welt hereinsieht. Dazu kommt noch, daß wir an der klassischen Kunst erzogen worden sind, einer immer hinausblickenden, die Welt einsaugenden Kunst. Der Impressionismus ist ja nur das letzte Wort der klassischen Kunst, er vollendet und erfüllt sie ganz, indem er das äußere Sehen auf das höchste zu steigern, das innere Sehen soviel als möglich auszuschalten, das »Eigenleben«, die Selbsttätigkeit, den Willen des Auges immer mehr abzuschwächen sucht und so den Menschen zum völligen Passivum seiner Sinne macht. »Mais moi-même je n'existais plus, j'étais simplement la somme de tout ce qne je voyais«, darin hat Barrès den ganzen Impressionismus ausgesprochen. In dieser Zeit ist es, von den Künstlern und von den Laien, allmählich ganz vergessen worden, daß der Mensch auch Augen des Geistes hat. (Es gab natürlich auch Ausnahmen, wie Klimt und Hodler, die beide, so gern sie sich gelegentlich mancher technischen Gewohnheiten des Impressionismus bedienten, doch niemals ein Bild gemalt haben, das nicht ein persönlicher Willensakt wäre.) Jetzt aber scheint's, daß sich in der heraufkommenden Jugend mit Heftigkeit der Geist wieder meldet. Vom äußeren Leben weg kehrt sie sich dem inneren zu, lauscht den Stimmen der eigenen Verborgenheiten und glaubt wieder, daß der Mensch nicht bloß das Echo seiner Welt, sondern vielleicht eher ihr Täter oder doch jedenfalls ebenso stark ist wie sie. Ein solches Geschlecht wird den Impressionismus verleugnen und eine Kunst fordern müssen, die wieder mit den Augen des Geistes sieht: dem Impressionismus folgt der Expressionismus, auch wieder einseitig, auch wieder einen Teil der menschlichen Natur verleugnend, auch wieder nur eine halbe Wahrheit. Die ganze streift ja der Mensch nur zuweilen einen Atemzug lang und streift an ihr vorbei, stets von einem Irrtum zum anderen schwingend.

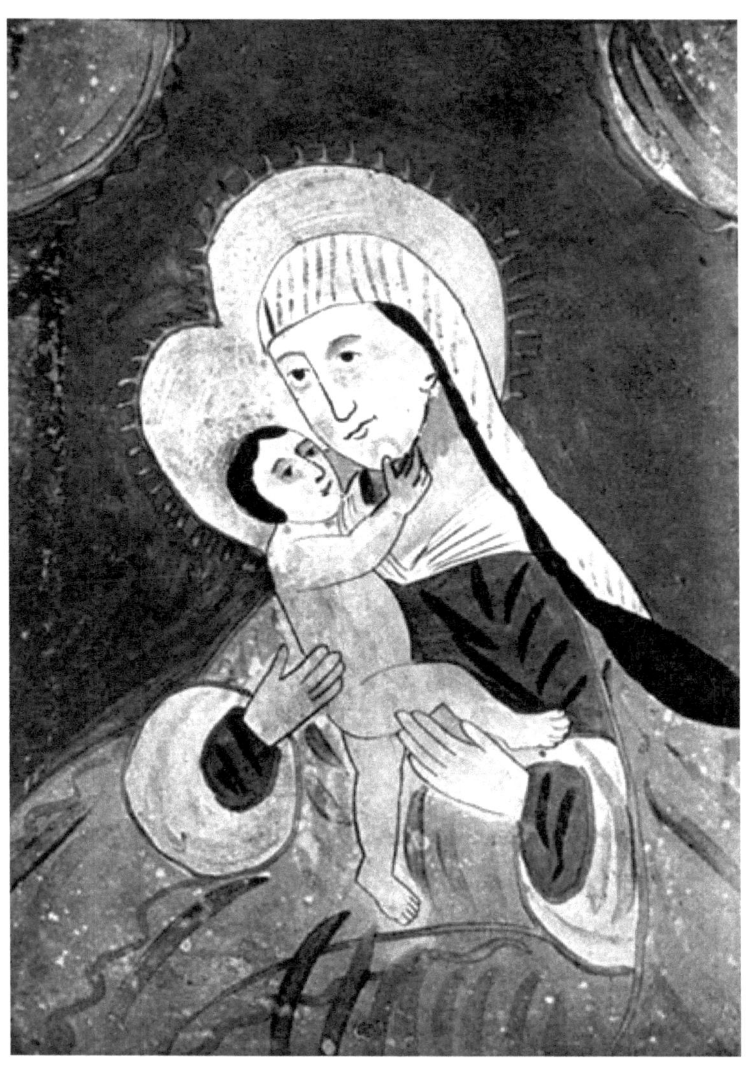

Muttergottesbild. Bauernmalerei

Augenmusik

Wenn man in den Wahlverwandtschaften liest, daß Ottilie zuweilen abends, im süßen Gefühl noch zwischen Schlaf und Wachen schwebend, Eduarden, der fern von ihr weilt, erblickt, »ganz deutlich, und zwar nicht gekleidet, wie sie ihn sonst gesehen, sondern im kriegerischen Anzug, jedesmal in einer anderen Stellung, die aber vollkommen natürlich war und nichts Phantastisches an sich hatte: stehend, gehend, liegend, reitend«, so läßt man es sich noch gefallen, es ist doch ein Roman! Wie künstlerisch gesinnt wir sind, sieht man daraus, daß wir im vollen Ernst meinen, der Dichter meine nicht, was er sagt (wie denn, wenn man auf den katholischen Schluß des Faust hinzeigt, auch immer so getan wird, als hätte das nichts zu bedeuten: der Dichter lügt ja nur!). So macht es auch, wenn Goethe seine eigenen Visionen beschreibt, weiter keinen Eindruck. Engländer aber sind uns ja von vornherein stets einer gelinden Verrücktheit verdächtig. Also wenn die Visionen haben, das nimmt man für leere Grillen. Visionen läßt nun einmal unsere »Bildung« nicht zu, sie gehören ins finstere Mittelalter. Ich erlebe das in dem typischen Gespräch über Expressionismus immer wieder. Dieses typische Gespräch geht so:

Jemand sagt mir: »Ich hatte mich, weiß Gott, allmählich schon an alles gewöhnt, ich ließ mir alles gefallen, ich war auf alles gefaßt, aber Picasso!, nein das ist mir denn doch zu arg!« (In solchen Fällen sagt jemand immer »denn doch«.) Ich frage, warum. Er fährt erklärend fort: »Es ging, solange es noch Bilder waren, von denen sich doch allenfalls vermuten ließ, daß es Bilder sein könnten! Dieß aber sind jetzt Bilder, denen doch kein Mensch mehr ansieht, daß es Bilder sein sollen. Wenn man nicht eigens darauf aufmerksam gemacht wird, fällt einem das doch gar nicht ein!« Und er tut mir dar, wie sich diese Bilder doch von allem entfernen, was wir nun einmal in jedem Bilde zu finden gewohnt sind, in jedem Bilde zu suchen uns nicht enthalten können. Man hätte sich damit abgefunden, jedes Extrem gleich wieder ins Extreme getrieben, jeden Ultra noch von einem neuen überboten, jeden Exzeß gleichsam selber wieder exzedieren zu sehen, aber da war doch immer noch irgend etwas da, von dem aus man exzedierte, das man übertrieb, dessen Extrem man wagte, es war doch irgendwo noch ein gemeinsamer Anfang da, auf den dieses Ende zurückwies: von Cézanne fand man sich zu Monet, von diesem zu Manet, von ihm zu Courbet zurück, Delacroix schien der Erzvater aller und schon in Goya und Velasquez, in Vermeer und Tintoretto ließ er sich ahnen. Hier aber, in diesen Bildern der Expressionisten, sei davon nichts mehr da, weil nämlich hier die Entwicklung nicht mehr, und wär's ins Absurde, entwickelt, sondern vielmehr plötzlich abgerissen und die ganze Malerei ins Bodenlose zu stürzen scheint: da hängt nichts mehr mit dem, was wir bisher Kunst zu nennen gewohnt waren, zusammen und jedes Merkmal, jeder Maßstab fehlt, nach welchen wir uns sonst an Bildern orientieren. »Wo haben Sie denn, um Gottes willen, derlei je gesehen?«

Ich antworte dann stets, sanft: »Es kann aber ja sein, daß er es so sieht, der Maler.« Aber das zieht mir den heftigsten Groll zu. Nein, das kann nicht sein, so sieht man nicht – Sie wollen doch nicht im Ernst behaupten, daß irgendein Mensch so sieht?! Ich aber bleibe fest und beharre darauf: »Ich kann mir schon vorstellen, daß jemand so sieht, freilich nicht auf einen äußeren Reiz hin, aber auf einen inneren.« Da geschieht es mir nun immer wieder, daß mein Partner auf einmal verstummt und mich erschrocken ansieht, als wenn ich plötzlich verrückt geworden wäre. Er will mir nie glauben, daß wir auch sehen können, wenn es draußen nichts zu sehen gibt, daß wir auch mit geschlossenen Augen sehen können, daß wir »Gesichte haben« können, Erscheinungen, Empfindungen der Augen ohne Reiz von außen. »Wenn man krank ist«, entgegnet er lebhaft und ist erstaunt, wenn ich widerspreche, behaupte, daß auch gesunde Menschen Erscheinungen haben können, und es ihm an seinen eigenen Augen beweisen will. Bis ich auftrumpfe und mit Johann Müllers »Physiologie des Gesichtssinnes« und seiner kleinen Schrift ›Uuml;ber die phantastischen Gesichtserscheinungen‹ anrücke. Diese Bücher sind 1826 erschienen und noch immer nicht wieder erreicht, geschweige denn überholt worden.

Johannes Müller, 1801 in Koblenz geboren, seit 1833 Professor der Anatomie und Physiologie in Berlin, der Vater der Histologie, der Begründer der pelagischen Forschung, der Lehrer Virchows, Du Bois Reymonds und Haeckels, muß ein höchst merkwürdiger, genialischer, ja geradezu magisch wirkender Mensch gewesen sein. Haekel hat das Bild des geliebten Meisters über seinem Tisch im

Institut zu Jena hängen und pflegt zu sagen: »Wenn ich bisweilen bei der Arbeit ermüde, brauche ich es nur anzusehen, um neue Kraft zu gewinnen«; er hat sein ganzes Leben lang den »ungeheuren Eindruck«, den der geheimnisvolle, fast geisterhafte Mann auf den Jüngling machte, niemals vergessen können. Keiner seiner Schüler hat ihn je vergessen können. Denn ihm war gegeben, jeden sich finden zu lassen und die wahre Kraft aus ihm zu holen. (Bölsche hat es in seinem Haekelbuch schön geschildert.) Sinnlichkeit und Geist standen in ihm einander so gleich, daß er sicher war, weder im Empirischen zu ersticken noch in Ideen zu verfliegen. Er bildete sich an Kaspar Friedrich Wolff, Goethe und Humboldt und lernte von ihnen, daß es in der Wissenschaft nicht auf Häufung von Erfahrungen ankommt, sondern auf den echten »Sinn«, der uns, was immer wir erfahren mögen, mehr erfahren läßt, als »in den Dingen selbst scheinbar sinnlich Erkennbares ist«; weshalb ihm denn auch die Erfahrung immer nur als ein »Zeugungsferment des Geistes« galt und er nicht aufhörte darauf zu dringen, daß die »Naturforschung auch etwas Religiöses an sich habe«. Wie jeder, der einmal mit der Natur näher umgegangen ist, hat er sich überall von Geheimnissen umgeben gefühlt, er lebte in Wundern (er sagt einmal, es sei ihm »in seinem Leben noch nichts eigentlich Wunderbares begegnet, das heißt etwas, von dem man sagen könnte, es sei wunderbarer als die ganze Natur oder wunderbarer als die willkürliche Bewegung der Glieder, als das Vermögen, den Arm, wie man will, zu strecken und zu beugen«). So war er denn von ganzem Herzen goethisch gesinnt. Er bewunderte Goethe als »einen der sinnlich kräftigen Menschen«, er hielt seine Farbenlehre mit Wolffs Untersuchungen über die Generation »für Fermente, mit denen man sich nicht befassen kann, ohne daß der Sinn erschlossen werde; man könnte sie als eigentliche Institutionen zu aller Naturwissenschaft betrachten«, und er hat ihr in seiner »Physiologie des Gesichtssinnes« einen eigenen Abschnitt zugeteilt. Er war in seiner Zeit der einzige, der Goethes Natursinn rein erfaßt hat, und ist lange Zeit der einzige geblieben, bis Chamberlain kam. Er begriff den tiefen inneren Zusammenhang des Künstlers mit dem Naturforscher in Goethe, die beide aus derselben »nach der erkannten Idee des lebendigen Wechsels wirkenden plastischen Imagination« schöpften. Und so fand er in Goethes noch jahrelang kaum tolerierten, für dilettantisch gescholtenen naturwissenschaftlichen Bemühungen die »Ahndung eines fernen Ideals der Naturgeschichte«. So schrieb er 1826. Wir sind diesem Ideal heute noch immer nicht viel näher.

Dieser Johannes Müller hat nun seine eigenen Visionen beobachtet und beschrieben. Wenn er vor dem Einschlafen mit geschlossenen Augen liegt, erscheinen ihm Bilder, die sich bewegen, verwandeln, von Traumbildern deutlich unterscheiden, mit seinem wachen Leben nichts gemein haben, aber bei der leisesten Bewegung der Augen verschwinden und auch durch Reflexion sogleich verscheucht werden. Er hat solche Erscheinungen auch bei hellem Tage, nur muß er dazu ganz ruhig sein und darf nicht eben gegessen, nichts getrunken haben. Durch Fasten kann er diese Phänomene zu einer wunderbaren Lebendigkeit bringen. Er zitiert Cardanus (im 18. Buch de subtilitate), Spinoza (opera posthuma Epistola XXX.), Nicolai und Justus Möser als Zeugen solcher Erscheinungen und beruft sich für das mit diesem inneren Sehen verwandte innere Hören auf Moses Mendelssohn und Rousseau. Seltsam findet er solche Erscheinungen keineswegs. Was muß denn geschehen, damit wir sehen? Die Sehsinnsubstanz muß erregt werden, ganz gleich wodurch, ganz gleich, ob von außen (durch das Licht, wie wir die Licht erregende Kraft zu nennen pflegen, während er sie lieber »das Elementarische« nennt) oder von innen (etwa durch einen Blutandrang nach dem Gehirne). »Die Sehsinnsubstanz entspringt mit lichtempfindenden Teilen im Gehirne selbst, setzt sich durch die Sehnerven fort und endigt als Netzhaut, welche allein durch das Elementarische affiziert werden kann, während die inneren Teile von allen organischen Reizen affiziert werden können.« Was sehen wir denn überhaupt? »Immer nur die Netzhaut im Zustande ihrer Affektion.« Alles, was wir sehen, bringt unser Auge hervor. Es muß nur gereizt werden, dann leuchtet es auf, das Auge leuchtet, wie das Ohr tönt, wenn es gereizt wird, wodurch immer. »Die Art des Reizes ist ein durchaus Gleichgültiges, sie kann nur die Lichtempfindung verändern. Einen anderen Zustand als Lichtempfindung und Farbenempfindung in der Affektion oder Dunkel in der Ruhe gibt es für die Sehsinnsubstanz nicht.« Also kann sie, wenn sie nun von innen her gereizt wird, auch nicht anders antworten, als sie, wodurch immer gereizt, stets antworten muß: mit Licht und Farben. Was immer auch mit ihr geschieht, sie kann darauf immer wieder nur Licht und Farben entgegnen. Geht also in uns, von welchem

Organ aus immer, etwas vor und setzt sich durch Sympathie bis zur Sehsinnsubstanz oder, goethisch zu sprechen, bis zum Auge des Geistes fort, so geschieht auf diesen inneren Reiz hin dasselbe, was auf einen äußeren Reiz geschieht: wir sehen. Was wir bei geschlossenen Augen sehen, Strahlen, Nebel, Flecken, feurige Kugeln, farbige Streifen, sie »sind nichts anderes als die Reflexe von Zuständen anderer Organe auf ein Organ, das in jedem Zustand sich entweder licht, dunkel oder farbig empfindet«. Um Erscheinungen, Gesichte, Visionen oder wie man es nenne, zu haben, müssen wir also bloß etwas so stark in uns vorstellen oder einbilden, daß es uns bis in die Sehsinnsubstanz durchdringt. Sobald die Wellen unseres inneren Lebens bis an das Auge schlagen, sehen wir unser inneres Leben, wie wir es hören, wenn seine Wellen an das Ohr schlagen. Worauf beruht denn alle Wirkung der Musik? Dem Tonkünstler kommen die Töne nicht von außen zu. Er hört nicht die Welt, er hört sich selbst, seine Seele wird in ihm tönend. Φθογγοι εοιχασι τοισ τησ ψυχησ χινημασι τε χαι παθημασι wußten schon die Griechen. Der Ton, den sein Ohr hervorbringt, sobald es die innere Bewegung empfängt, wird vom Künstler aufbewahrt, um dann von außen her, auch an unser Ohr und durch dieses wieder in unsere Seele geleitet zu werden. Aus dem Inneren des Künstlers an sein Ohr, dann der Ton, der hier entsteht, in Zeichen fixiert, diese Zeichen nun von Instrumenten wieder in Schwingungen umgesetzt, diese darauf im Ohr des Hörers ertönend und die Töne die Seele des Hörers ergreifend – das ist der Weg der Musik, von Seele zu Seele.

Was die Maler der neuesten Richtung wollen, ist sozusagen Augenmusik. Sie haben nicht vor, die Natur nachzubilden, und so tut man ihnen Unrecht, wenn man ihre Bilder an der Natur mißt. Wo sie denn derlei jemals in der Natur gesehen hätten, darf man sie so wenig fragen, als man den Tonkünstler fragen wird, wann er dieses Motiv in der Welt gehört habe. Er hat es aus sich gehört, sie haben es in sich erblickt. Ihm ist die geheime Kraft tönend geworden, ihnen leuchtend. Beides bleibt für unseren armen Menschenverstand gleich unbegreiflich, doch ist das eine nicht geheimnisvoller als das andere. Und wenn wir zuweilen zweifeln müssen, ob denn der neueste Maler das, was er malt, wirklich innerlich erblickt hat, so ist es ja doch auch nicht immer völlig ausgemacht, daß der Tonkünstler selbst gehört hat, was er uns hören läßt. Doch pflegt dies mit der Zeit ja dann aufzukommen, wenn auch kein Mensch eigentlich zu sagen weiß, wie. So werden auch die witzigen Betrüger, die bloß expressionistisch tun, bald ertappt werden. Wer aber die Gesichte wirklich hat, die er malt, dem wird auch die Kraft nicht fehlen, uns daran glauben zu machen. In der Kunst stellt sich nach dem ersten Schrecken alles immer wieder her, und so still die Gerechtigkeit in ihr waltet, so mächtig ist sie.

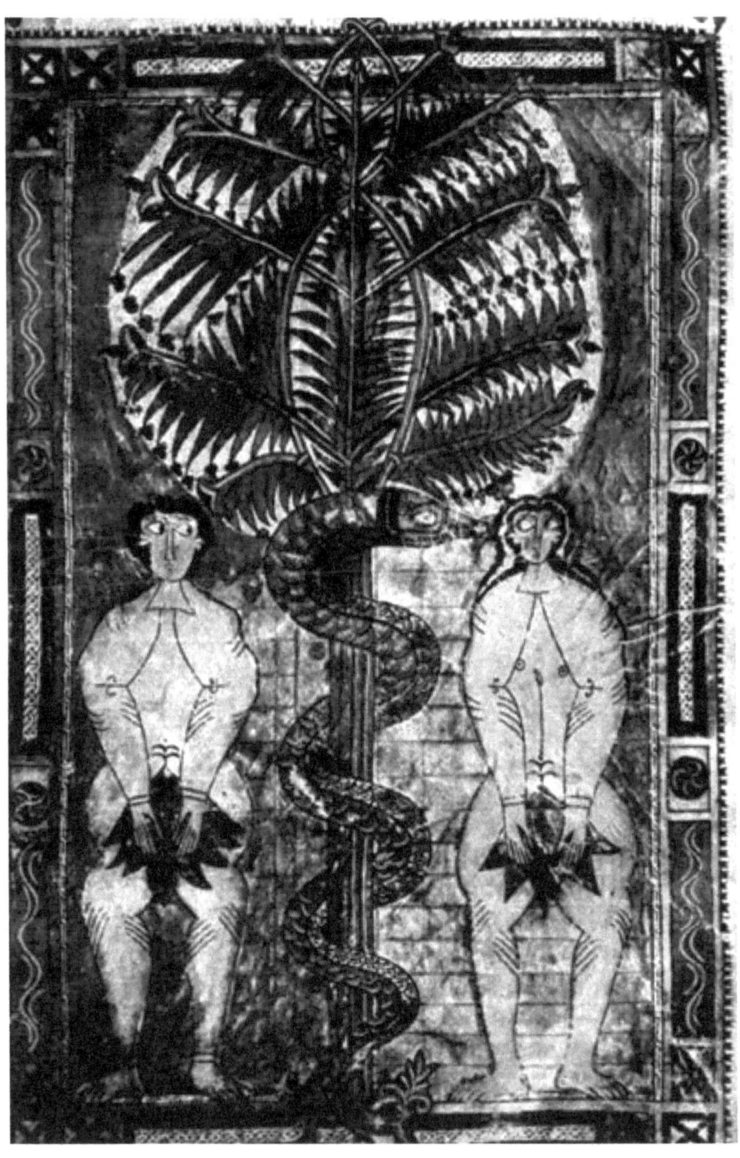

Adam und Eva. Aus einer Handschrift im Escorial. XI. Jahrhundert

Zwischenrede

Aber alles das, so wenig es dem Gebildeten geheuer ist, gibt er schließlich noch allenfalls zu, nur eins nicht, nämlich, daß solche Visionen jemals etwas enthalten könnten, was wir nicht schon ohne sie hätten, was nicht schon in unserer Erfahrung enthalten wäre, also daß unsere Einbildungskraft jemals schaffen, jemals produktiv sein könnte. Dagegen wehrt sich unsere ganze »Bildung« (und will nicht merken, daß sie sich damit gegen alle Kunst wehrt, ja schließlich überhaupt gegen jede Wahrheit). Ich vermag dagegen nichts, als daß ich mich immer wieder auf denselben Johannes Müller, den Schüler Goethes, den Lehrer Virchows und Haekels berufe, der ausdrücklich sagt:

»Das aus dem Allgemeinen gebildete Konkrete, in welchem das Allgemeine verwirklichst ist, kann ein solches sein, welches schon einmal Gegenstand einer von außen bedingten Sinnesvorstellung war, dann ist die Einbildungskraft reproduktiv, oder das aus dem Allgemeinen gebildete Konkrete ist ein neues, durch Beschränkung des Allgemeinen gewordenes, und dann ist die Phantasie produktiv dichtend. Es ist in der Tat zu verwundern, wie man so viele Diskussionen darüber hat halten können, ob die produktive Phantasie auch neue einfache Vorstellungen bilde, die nicht ein Zusammengesetztes aus ehemaligen Teilvorstellungen wären. Die Phantasie, im dunkeln Sehfeld Grenzen vorstellend, kann in diesem durch die bloße Vorstellung einer Begrenzung im dunkeln Sehfeld Formen ersinnen, die wir nie gesehen, nie objektiv sehen werden. Da auch alle äußeren sichtbaren Formen nur als Begrenzung in diesem dunkeln Sehfeld erscheinen, alle mögliche Begrenzung aber im dunkeln Sehfeld gedacht werden kann, so sind auch alle möglichen Formen der Phantasie erreichbar, ehe sie ihre Elemente in der äußeren sinnlichen Welt gefunden hat, wie wir denn auch von jenem im ersten Jahre des Lebens erblindeten Flötenspieler lesen, daß er gräßliche und verzerrte Gestalten in seinen Träumen sah« (Johannes Müller »Über die phantastischen Gesichtserscheinungen«, Paragraph 175 und 176).

So Johannes Müller. Und wo hätte denn auch Goethe sonst seine symbolische Pflanze her? Man erinnert sich der Szene mit Schiller.

Sie waren einander noch fern, da trafen sie sich bei Batsch in einer Sitzung der Jenenser naturforschenden Gesellschaft: »Wir gingen zufällig beide zugleich heraus, ein Gespräch knüpfte sich an ... Wir gelangten zu seinem Hause, das Gespräch lockte mich hinein; da trug ich die Metamorphose der Pflanzen lebhaft vor und ließ, mit manchen charakteristischen Federstrichen, eine symbolische Pflanze vor seinen Augen entstehen. Er vernahm und schaute das alles mit großer Teilnahme, mit entschiedener Fassungskraft, als ich aber geendet, schüttelte er den Kopf und sagte: ›Das ist keine Erfahrung, das ist eine Idee.‹; Ich stutzte, verdrießlich einigermaßen; denn der Punkt, der uns trennte, war dadurch aufs strengste bezeichnet. Die Behauptung aus Anmut und Würde fiel mir wieder ein, der alte Groll wollte sich regen; ich nahm mich aber zusammen und versetzte: ›Das kann mir sehr lieb sein, daß ich Ideen habe, ohne es zu wissen, und sie sogar mit Augen sehe‹;.

Natürlich hatte Schiller recht, es war keine Erfahrung, es war eine Idee. Goethe, damals noch in der »behaglichen Sicherheit des Menschenverstandes, des einem gesunden Menschen angebornen Verstandes«, aus der er später erst durch »tausend und abertausend Übergänge in einen geläuterten, freieren, selbstbewußten Zustand« geriet, wußte das nur damals noch nicht. Darin aber hatte Goethe ja recht: »er sah sie mit Augen.« Aber wie könnten Augen Ideen sehen, wenn sie verdammt wären, nichts zu schaffen, sondern immer nur aus der Erfahrung zu schöpfen? Und wo hätten wir Gut und Böse, wo Freiheit, wo Pflicht her? O Kant, Kant! Seit wir aufgehört haben, Unsichtbares mit Augen sehen zu können, sind wir uns ganz in Verlust geraten.

Expressionismus

Darum geht es: daß der Mensch sich wiederfinden will. Kann wohl der Mensch dazu bestimmt sein, über irgendeinen Zweck sich selbst zu versäumen? hat Schiller gefragt. Dem Menschen dies wider seine Natur aufzudrängen, ist der unmenschliche Versuch unserer Zeit. Sie macht ihn zum bloßen Instrument, er ist ein Werkzeug seines eigenen Werkes geworden, er hat keinen Sinn mehr, seit er nur noch der Maschine dient. Sie hat ihm die Seele weggenommen. Und jetzt will ihn die Seele wieder haben. Darum geht es. Alles, was wir erleben, ist nur dieser ungeheuere Kampf um den Menschen, Kampf der Seele mit der Maschine. Wir leben ja nicht mehr, wir werden nur noch gelebt. Wir haben keine Freiheit mehr, wir dürfen uns nicht mehr entscheiden, wir sind dahin, der Mensch ist entseelt, die Natur entmenscht. Eben rühmen wir uns noch ihren Herrn und Meister, da hat ihr Rachen uns verschlungen. Wenn nicht ein Wunder geschieht! Darum geht es: ob durch ein Wunder der entseelte, versunkene, begrabene Mensch wieder auferstehen wird.

Niemals war eine Zeit von solchem Entsetzen geschüttelt, von solchem Todesgrauen. Niemals war die Welt so grabesstumm. Niemals war der Mensch so klein. Niemals war ihm so bang. Niemals war Freude so fern und Freiheit so tot. Da schreit die Not jetzt auf: der Mensch schreit nach seiner Seele, die ganze Zeit wird ein einziger Notschrei. Auch die Kunst schreit mit, in die tiefe Finsternis hinein, sie schreit um Hilfe, sie schreit nach dem Geist: das ist der Expressionismus.

Niemals hat eine Zeit sich reiner und stärker ausgedrückt als die der bürgerlichen Herrschaft im Impressionismus. Die bürgerliche Herrschaft war unfähig, Musik oder Dichtung hervorzubringen, alle Musik und Dichtung ihrer Zeit ist immer entweder Nachempfindung der Vergangenheit oder Vorgefühl der Zukunft. Aber sie hat sich in der impressionistischen Malerei ein Zeichen ihres Wesens, ihres Unwesens von solcher Vollkommenheit geschaffen, daß ihr vielleicht dereinst, wenn die Menschheit von ihr frei und in die Ferne geschichtlicher Betrachtung abgerückt ist, um dieses strahlenden Zeichens willen vergeben werden wird. Impressionismus, das ist der Abfall des Menschen vom Geiste, Impressionist ist der zum Grammophon der äußeren Welt erniedrigte Mensch. Man hat den Impressionisten verübelt, daß sie ihre Bilder nicht »ausführen«. Aber sie führen nicht bloß ihre Bilder nicht aus, sondern sie führen das Sehen nicht aus, denn der Mensch der bürgerlichen Zeit führt das Leben nicht aus, sie hören mitten im Sehen auf, denn der Mensch der bürgerlichen Zeit hört mitten im Leben auf, gerade dort, wo der Anteil des Menschen am Leben beginnt. Sie hören mitten im Sehen auf, dort nämlich, wo das Auge, nachdem es gefragt worden ist, nun aber selber darauf antworten soll. »Das Ohr ist stumm, der Mund ist taub,« sagt Goethe, »aber das Auge vernimmt und spricht.« (Naturwissenschaftliche Schriften, 5. Band, Seite 12.) Das Auge des Impressionisten vernimmt bloß, es spricht nicht, es nimmt nur die Fragen auf, antwortet aber nicht. Impressionisten haben statt der Augen noch ein paar Ohren, aber keinen Mund. Denn der Mensch der bürgerlichen Zeit ist nichts als Ohr, er horcht auf die Welt, aber er haucht sie nicht an. Er hat keinen Mund, er ist unfähig, selbst zu sprechen über die Welt, das Gesetz des Geistes auszusprechen. Aber der Expressionist reißt den Mund der Menschheit wieder auf, sie hat lange genug nur immer gehorcht und dazu geschwiegen, jetzt will sie wieder des Geistes Antwort sagen.

Der Expressionismus ist noch nichts als eine Gebärde. Auf den einzelnen Expressionisten kommt es auch dabei gar nicht an, noch weniger gar auf ein einzelnes Werk. »Die Kunst«, sagt Nietzsche, »soll vor allem und zuerst das Leben verschönern ... Sodann soll die Kunst alles Häßliche verbergen oder umdeuten ... Nach dieser großen, ja übergroßen Aufgabe der Kunst ist die sogenannte eigentliche Kunst, die der Kunstwerke, nur ein Anhängsel. Ein Mensch, der einen Überschuß von solchen verschönernden, verbergenden und umdeutenden Kräften in sich fühlt, wird sich zuletzt noch in Kunstwerken dieses Überflusses zu entladen suchen; ebenso, unter besonderen Umständen, ein ganzes Volk. Aber gewöhnlich fängt man jetzt die Kunst am Ende an, hängt sich an ihren Schweif und meint, die Kunst der Kunstwerke sei das Eigentliche, von ihr aus solle das Leben verbessert und umgewandelt werden – wir Toren!« (Nietzsche, »Menschliches, Allzumenschliches«, 2. Band. Seite 80). In der bürgerlichen Zeit war ja der ganze Mensch zum »Anhängsel« geworden, der Impressionismus ist ein herrlicher »Schweif«, der

Expressionist aber schlägt kein Pfauenrad, ihm handelt es sich gar nicht um das einzelne Werk, sondern er will den Menschen wieder zurechtstellen, nur sind wir jetzt weiter als Nietzsche, oder eigentlich: weiter zurück, nämlich wieder bei Goethe, uns soll die Kunst nicht bloß das Leben »verschönern«, und das »Häßliche verbergen oder umdeuten«, sondern Kunst muß selber Leben bringen, Leben schaffen aus sich selbst, Leben als des Menschen ureigenste Tat tun. »Die Malerei«, sagt Goethe, »stellt auf, was der Mensch sehen möchte und sollte, nicht, was er gewöhnlich sieht.« Wenn man schon durchaus ein »Programm« des Expressionismus will, dies ist es.

Daß der Expressionismus zunächst mitunter ziemlich ungebärdig, ja berserkerhaft verfahren muß, entschuldigt der Zustand, den er vorfindet. Es ist ja wirklich fast der Zustand des Urmenschen. Die Leute wissen gar nicht, wie recht sie haben, wenn sie zu spotten meinen, daß diese Bilder »wie von Wilden« gemalt sind. Die bürgerliche Herrschaft hat aus uns Wilde gemacht. Andere Barbaren, als die Rodbertus einst fürchtete, drohen ihr: wir selber alle, um die Zukunft der Menschheit vor ihr zu retten, müssen Barbaren sein. Wie der Urmensch sich aus Furcht vor der Natur in sich verkriecht, so flüchten wir in uns vor einer »Zivilisation« zurück, die die Seele des Menschen verschlingt. In sich selbst fand der Urmensch an seinem Mut die Gewähr, mehr als die drohende Natur zu sein, und zur Ehre dieser seiner geheimnisvoll Erlösung verheißenden inneren Kraft, die ihn in allen Schrecken der Ungewitter, der reißenden Tiere, der unbekannten Gefahren niemals verzagen ließ, zog er einen Zauberkreis bannender Zeichen um sich, der drohenden Natur Feindschaft ansagender Zeichen, das Eigentum des Menschen absteckender Zeichen des Trotzes wider die Natur und des Glaubens an den Geist. So finden wir, durch die »Zivilisation« zunichte gemacht, in uns eine letzte Kraft, die dennoch nicht zunichte gemacht werden kann: diese holen wir in unserer Todesangst heraus, diese kehren wir gegen die »Zivilisation« hervor, diese strecken wir ihr beschwörend entgegen: Zeichen des Unbekannten in uns, dem wir zutrauen, daß es uns erretten soll, Zeichen des gefangenen Geistes, der aus dem Kerker brechen will, Zeichen des Alarms aller banger Seelen gibt der Expressionismus.

Damit ist er ja nun aber auch wieder nur eine Hälfte der Kunst, aber die bessere. Auch er sieht wieder nicht ganz. Hat der Impressionismus das Auge zum bloßen Ohr gemacht, so macht es der Expressionismus zum bloßen Mund. Das Ohr ist stumm, der Impressionist ließ die Seele schweigen; der Mund ist taub, der Expressionist kann die Welt nicht hören. Goethe sagt: »Alles, was im Subjekt ist, ist im Objekt und noch etwas mehr. Alles, was im Objekt ist, ist im Subjekt und noch etwas mehr.« (»Naturwissenschaftliche Schriften«, II. Band, Seite 162.) Der Impressionist stellt das Mehr des Objekts dar und unterschlägt das Mehr des Subjekts; der Expressionist hinwieder kennt nur das Mehr des Subjekts und unterschlägt das Mehr des Objekts. Aber wie wir selber »Ausgeburt zweier Welten sind«, ist es auch unser Auge: »In ihm spiegelt sich von außen die Welt, von innen der Mensch; die Totalität des Innern und Äußern wird durchs Auge vollendet« (»Naturwissenschaftliche Schriften«, II. Band, Seite 146, und 5. Band, 2. Teil, Seite 12). Diese Totalität des Innern und Äußern fehlt, wie dem Impressionismus, auch dem Expressionismus wieder; jenen »steten lebendigen Bund der Geistesaugen mit den Augen des Leibes«, auf den Goethe in Kunst, Wissenschaft und Leben überall immer wieder dringt, erreicht auch der Expressionismus wieder nicht. Wann aber je ward er erreicht? Von einzelnen Meistern in einzelnen Werken, die stets unverstanden geblieben sind. Niemals von einer ganzen Epoche. Es gab eine, die daran war: die des Barockstils. (»Nur die Schlechtunterrichteten und Anmaßenden werden bei diesem Wort eine abschätzige Empfindung haben«, sagt Nietzsche vom Barockstil, den er übrigens selbst, im Gefolge Jakob Burckhardts, ebenso mißverstanden hat.) Sein Zeitalter, vom Tridentinischen Konzil über Teresa und Vinzenz von Paul zu Bernini und Calderon, dieses Zeitalter, von dem eine glühende Vorahnung schon die Herzen des dreizehnten Jahrhunderts quält, dieses alle Sehnsucht, Himmelsgier und Geisteskraft von anderthalb tausend Jahren zusammenraffende Zeitalter, das aber selbst wieder nur erst eine Verheißung noch gewaltiger ausgreifender Synthesen ist, entwirft ein Reich von stürmischer Bewegung zu tiefster Ruhe, wo die himmlische Gnade von der irdischen Tat berührt, Gott vom Menschen ergriffen, der Mensch zum Täter der Gnade von oben wird, das Werden ins Sein zurücktaucht und die Zeit an die Ewigkeit stößt.

Aber halt! Denn da bin ich ja schon in meiner Schrift über Bernini, die ich mir erharren und erhoffen will. Ich habe von ihr noch nicht mehr als eine Vision, so bedrohend als beglückend, in der Franziskus seine blutenden Hände nach den großen Dominikanern Eckhart und Tauler ausstreckt, und über sie hinweg empor zu Teresen, Calderon und Bernini, bis dieses flutenden Segens, vor dem der Mensch, geblendet, ins Dunkel entirrt, ein durchbohrender Stahl – Goethen trifft. Auch mir, erschreckte Freunde, bangt vor dieser Vision, ich möchte sie verscheuchen, möge sie mir standhalten! Aber freilich ist das ein Goethe, den wir noch kaum ahnen können, weil wir ihn auch erst ertragen lernen müßten.

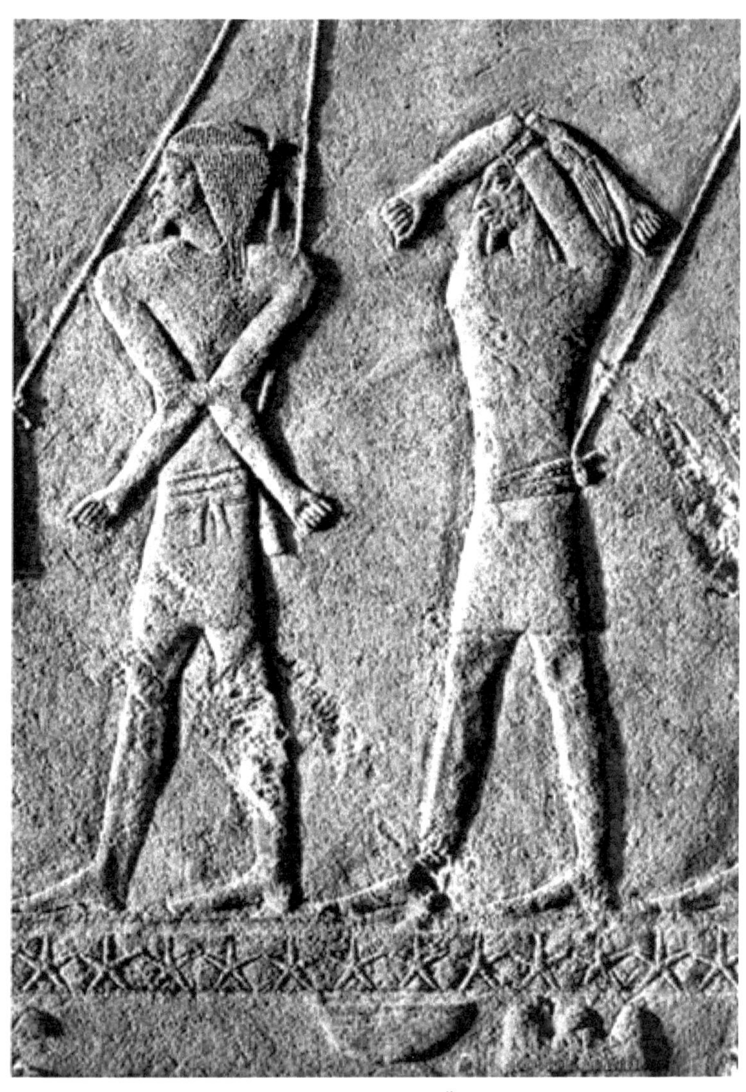

Gefangene des Sahure. Ägyptisch

Der ganze Goethe

Goethes Geschichte wäre nun einmal zu schreiben: wie jede Generation ihm von einer anderen Seite beikommt, sich von ihm nimmt, was sie für sich brauchen kann, und ihn sich immer von neuem wieder adaptiert; jede hat sich ihren eigenen Goethe gemacht und wenn man diese Goethes nebeneinander stellt, ist es kaum zu glauben, daß alle von einem und demselben Menschen ausgegangen sein sollen.

Den Mitlebenden hat er sich immer wieder entzogen. »Wenn die Leute glauben, ich wäre noch in Weimar, dann bin ich schon in Erfurt«, sagt er selbst einmal und nennt sich den »veränderten Freund«. Sie konnten ihm nicht nachkommen; kaum glaubten sie ihn zu fassen, war er ihnen schon wieder verloren, er ließ sich nicht festhalten. Die Freunde des »Götz« erkannten ihn im »Tasso« nicht wieder, die Treuesten schraken vor der Farbenlehre zurück, bald war er wirklich der einsame Merlin im leuchtenden Grabe. Er ist nicht mehr ernst zu nehmen, er treibt es zu arg, klagte schon Karoline Herder, einer nach dem anderen stimmte bald traurig bei. Er war ihnen soweit voraus, daß sie meinten, ihn überholt zu haben. Der Berliner Kreis geistreicher Jüdinnen allein hütete sein Andenken noch. Auch sie verstanden, erkannten ihn nicht, doch fühlten sie das ungeheure Geheimnis und hegten es in Ehrfurcht. Dann kam gar ein vorwitziges Geschlecht, ganz dem Tage zugetan, das sich vermaß, die Menschheit durch »Verfassungen« zu heilen; der Dichter galt nur noch als Lieferant von Zitaten für Festredner in Turnvereinen und politischen Liedertafeln, dazu fand sich in den »Wanderjahren« und im »Faust« wenig. Sie wußten mit dem »kalten« Goethe nichts anzufangen. Allmählich wurde der von dem »heiteren« Goethe abgelöst, dem Olympier, der eine gewisse Ähnlichkeit mit Heyse, ja mit Paul Lindau bekam, ein freies Kind der Welt, hoch über dem Menschenleid beschaulich thronend; den marmornen Goethe nannte man ihn, er war aber doch mehr aus Gips. Das Beste taten für ihn noch in aller Stille die verkannten, unrecht geschmähten Goethephilologen: sie trugen mit deutschem Fleiße das Material zusammen, nun mochte sich ein neues Geschlecht seinen Goethe daraus auferbauen, und jedes folgende wieder, das Material ist da, Goethe kann uns jetzt doch nicht mehr ganz abhanden kommen;

und er hat ja Zeit, er wartet. Oder soll Nietzsche recht behalten, daß Goethe niemals den Deutschen angehören wird?

In den neunziger Jahren ging dem Deutschen wieder auf, daß Goethe vorhanden ist. Man kann das etwa von der preisgekrönten Schrift Richard M. Meyers datieren (dessen kluges, auch wieder die Tatsachen unbefangen versammelndes Buch über Nietzsche jetzt vielleicht für diesen ebenso wirken wird, wenn es junge Leute bestimmt, ihn einmal ohne Vorurteil und unbetört zu lesen). In den neunziger Jahren kehrte sich das Geschlecht, das damals eben ins tätige Leben eintrat, Goethe zu und – sah nun auch wieder nur sich selber in ihm. Es entstand der monistische Goethe, dessen sich dann ein Jahrzehnt lang die Oberlehrer so sehr berühmten, bis ihm endlich Chamberlain den Garaus gemacht hat. Goethe, der die ganze Menschheit enthält, enthält auch einen Monisten, wie er die Griechen, das Rokoko und die Romantik, Voltaire, Kant und Herder, ja Schelling und Hegel, die Mystik, den Pietismus und den Katholizismus enthält, aber alle zusammen. Nimmt man aus dem Ganzen ein einziges Stück heraus, als ob es allein Goethe wäre, so fälscht man ihn, indem man ihm sein Leben nimmt, das eben in diesem Zusammenhang seiner sämtlichen Stücke, wie sie sich bedingen und einander auch wieder begrenzen und eins das andere so beleuchten als beschatten, immer erst entsteht.

Wenn sich der monistische Wanderlehrer auf Fausts Monolog in »Wald und Höhle« beruft (»Erhabener Geist, du gabst mir, gabst mir alles«), so vergißt er nur die Replik Mephistos, in der sich der Katzenjammer aller monistischen Verzückungen auftut:

> »Und Erd' und Himmel wonniglich umfassen,
> Zu einer Gottheit sich aufschwellen lassen,
> In stolzer Kraft, ich weiß nicht was, genießen,
> Bald liebewonniglich in alles überfließen,
> Verschwunden ganz der Erdensohn,
> Und dann die hohe Intuition –
> Ich darf nicht sagen wie – zu schließen.«

Er vergißt, daß Goethe nicht Faust ist, sondern Faust und Mephisto zusammen, und er vergißt, daß der Monismus auch nur eine Phase Faustens ist, der steigt dann zu den Müttern hinab, dringt zur

Tat auf freiem Grund mit freiem Volke durch und fährt, von Engeln getragen, zum Himmel auf. Für jeden Satz Goethes, der seinen Monismus beweisen soll, will ich mit fünf anderen seinen Dualismus erbringen: Niemand hat, als Kind, Mann und Greis, so stark Erdenreich und Geisterwelt einander suchen, verschränken, ja durchdringen, aber immer wieder einander verlieren, ja befeinden gefühlt wie Goethe.

Es gibt kaum eine Meinung, für die man sich nicht auf Goethe berufen kann, gleich aber auch gegen sie, und ohne daß man ihn je so mit sich selbst wiederlegen könnte, denn er hat nicht heute die eine, morgen die andere Meinung, und auch das trifft nicht zu, daß er beide Meinungen zusammen hätte, sondern immer deutet er damit nur auf ein Höheres hin, wovon die beiden, wovon alle Meinungen immer nur wieder ein Unzulängliches sind, das niemals Ereignis wird, wohin alle menschlichen Meinungen immer nur ein immer wieder versagendes Verlangen unserer immer von neuem ausgestreckten, immer von neuem abstürzenden Sehnsucht sind. Er ist darum geneigt, mit seiner Hersilie von allen Sentenzen, Maximen, in die der Mensch die Wahrheit einzufangen versucht, zu finden, »daß man sie alle umkehren kann und daß sie alsdann ebenso wahr sind, und vielleicht noch mehr«. (»Wanderjahre«, Tempel Seite 70.) Das heißt nicht, daß er an der Wahrheit zweifelt. Er verzweifelt nur daran, sie mitteilen zu können. »Buchstaben mögen eine schöne Sache sein, und doch sind sie unzulänglich, die Töne auszudrücken; Töne können wir nicht entbehren, und doch sind sie bei weitem nicht hinreichend, den eigentlichen Sinn verlauten zu lassen; am Ende kleben wir am Buchstaben und am Ton und sind nicht besser dran, als wenn wir sie ganz entbehrten; was wir mitteilen, was uns überliefert wird, ist immer nur das Gemeinste, der Mühe gar nicht wert.« (»Wanderjahre«, Tempel Seite 32.) Da wir nun aber doch einmal, wenn wir nicht, wie Montan, lieber ganz verstummen, auf »das schlechte Zeug von öden Worten« angewiesen sind, hilft er sich damit, daß er eben »das Gemeinste« immer wieder anders ausspricht, indem er so, immer wieder von einer anderen Seite her an die Wahrheit heranschleichend, doch wenigstens ein Gefühl der ewig verhüllten erahnen zu lassen hofft. In jenem berühmten Brief an Jacobi, vom 6. Januar 1813, hat er es selbst ausgesprochen: »Ich für mich kann, bei den mannigfaltigen Richtungen meines Wesens, nicht an einer Denkweise genug haben; als Dichter und Künstler bin ich Polytheist, Pantheist hingegen als Naturforscher, und eins so entschieden als das andere. Bedarf ich eines Gottes für meine Persönlichkeit, als sittlicher Mensch, so ist dafür auch schon gesorgt. Die himmlischen und irdischen Dinge sind ein so weites Reich, daß die Organe aller Wesen zusammen es nur erfassen mögen.« Ebenso auf einem Zettel von seiner Hand (»Naturwissenschaftliche Schriften« 2. Band, Seite 374): »Wir sind naturforschend Phantheisten, dichtend Polytheisten, sittlich Monotheisten.« Und wieder, noch schärfer, einmal in den »Einzelnen Betrachtungen und Aphorismen über Naturwissenschaft im allgemeinen« (»Naturwissenschaftliche Schriften« 2. Band Seite 163): »Poesie deutet auf die Geheimnisse der Natur und sucht sie durchs Bild zu lösen. Philosophie deutet auf die Geheimnisse der Vernunft und sucht sie durchs Wort zu lösen. Mystik deutet auf die Geheimnisse der Natur und Vernunft und sucht sie durch Wort und Bild zu lösen.« Jedes deutet also in seiner eigenen Art, indem er sich dazu seiner besonderen Mittel bedient, jedes hat auf seine Weise recht, aber alle können doch immer nur »deuten«, es bleibt »Geheimnis«, das nur »die Organe aller Wesen zusammen erfassen mögen«, der lobpreisende Chor der sämtlichen Erschaffenen. Mehr als »deuten« können wir nicht. »Deuten« oder wie Goethe es auch gern nennt: bis an das Urphänomen kommen, »die Phänomene bis zu ihren Urquellen verfolgen, bis dorthin, wo sie bloß erscheinen und sind und wo sich nichts weiter an ihnen erklären läßt.« (»Farbenlehre« I. Band Einleitung.) An diesen »Urverhältnissen« wird uns Halt geboten, sie mögen wir anschauen und allenfalls ahnen, daß, was sie in sich verbergen, auch in uns verborgen vorhanden ist. Wir können an ihnen, wie er in jungen Jahren einst dem Grafen Stolberg schrieb (»Der junge Goethe«, Inselverlag, 5. Band, Seite 309), Gott, »den unergreiflichen«, berühren, aber jedes Wort davon ist nur »Kindergelall und Gerassel«. Aussprechen können wir nichts davon, aber Zeugnis können wir ablegen dafür, durch unser Tun nämlich, indem nun jeder, der einmal des »Urlebendigen« irgendwie bei sich gewahr geworden, das selige Gefühl davon in sein Tagewerk mitnimmt, Erkennen werden wir die Wahrheit nie noch aussprechen können, aber wir können uns zur Wahrheit bekennen: wir können das Geheimnis fühlen und es bezeugen, indem wir es ausüben, jeder auf seine Art, der eine durch sein Tun, der andere in seinem Wandel, aber alle doch immer nur hindeutend, mag man das nun mit einem Wort, das leicht mißbraucht werden kann, symbolisch oder, wie Goethe noch lieber sagt, analogisch nennen. Sobald man sich aber dann verleiten läßt und das Symbolische, das Analogische beim Worte nimmt, als wäre damit ausgesprochen, was doch ewig unaussprechlich bleibt, ist man, kaum geborgen, schon wieder verloren. Heraklit hat vom delphischen Gott gesagt, daß er nichts ausspreche, nichts verberge, sondern es anzeige. (ουτε λεγει ουτε χρυπτει αλλα σθμαινει.) So will Goethe, wenn er spricht, nichts aussprechen, sondern er zeigt das Geheimnis an. Und darum muß er sich immer wieder widersprechen. Denn auch indem er wiederspricht, zeigt er das Geheimnis wieder an. Sein ganzes Leben ist solch ein ununterbrochenes Zeigen auf das Geheimnis. »An Gott glauben,« hat er einmal gesagt, »dies ist ein schönes löbliches Wort, aber Gott anerkennen, wo und wie er sich offenbart, das ist eigentlich die Seligkeit auf Erden.« Sein ganzes Leben war ein ununterbrochenes Anerkennen, ja man möchte sagen: Ausüben Gottes.

»Abglanz« nur erreichen wir, niemals das, was glänzt, selbst. Wir erreichen immer nur Modifikationen eines Unbekannten. Wie wir uns vermessen, an ihnen dieses selbst ergreifen zu wollen, müssen wir schon in uns selber greifen, wir dichten schon. Wenn ich an die Linde im Garten denke, muß ich sie mir schon erdenken. Sie ist das ja nie, sie wird es erst durch mich. Damit ich sie nur überhaupt gewahren kann, muß durch mich an ihr etwas geschehen. Was ich jedesmal von ihr erblicke, sind jedesmal wieder andere Modifikationen, und daß ich alle diese Modifikationen auf einen und denselben unbekannten Grund, immer auf ein und dasselbe Unbekannte beziehe, das ist schon meine Tat. Dies meint Goethe, wenn er unablässig immer wieder auf das Tun dringt. Durch Tun erst wird Wissen ganz. »Das Halbgewußte hindert das Wissen. Weil alles unser Wissen nur halb ist, so hindert unser Wissen immer das Wissen« (»Naturw. Schriften« 10. Band, Seite 76). Alles Wissen ist ohnmächtig, solange nicht aus unserem Innern noch eine Kraft dazu kommt, die, was wir wissen wollen, erst vollbringt. Diese Kraft in uns, die wir den Modifikationen antun, bleibt uns ebenso unbekannt als die hinter den Modifikationen wirkende, sie bewirkende Kraft; wir glauben nur gewiß zu sein, daß diese beiden Unbekannten einander durch uns hindurch die Hände reichen. So kommt Goethe zu seinem besonderen Begriff einer Wissenschaft, für die das Wissen nicht hinreicht, die mehr sein muß, nämlich Kunst.[1] »Da im Wissen sowohl als in der Reflexion kein Ganzes zusammengebracht werden kann, weil jenem das Innere, dieser daß Äußere fehlt, so müssen wir uns die Wissenschaft notwendig als Kunst denken, wenn wir von ihr irgendeine Art von Ganzheit erwarten ... Um aber einer solchen Forderung sich zu nähern, so müßte man keine der menschlichen Kräfte bei wissenschaftlicher Tätigkeit ausschließen. Die Abgründe der Ahnung, ein sicheres Anschauen der Gegenwart, mathematische Tiefe, physikalische Genauigkeit, Höhe der Vernunft, Schärfe des Verstandes, bewegliche sehnsuchtsvolle Phantasie, liebevolle Freude am Sinnlichen, nichts kann entbehrt werden zum lebhaften, fruchtbaren Ergreifen des Augenblicks, wodurch ganz allein ein Kunstwerk, von welchem Gehalt es auch sei, entstehen kann.« (»Materilien zur Geschichte der Farbenlehre«, in dem Abschnitt »Betrachtungen über Farbenlehre und Farbenbehandlung der Alten.«) Daß er »keine der menschlichen Kräfte bei wissenschaftlicher Tätigkeit« ausgeschlossen haben will, auch die Phantasie nicht, dieser Gedanke kehrt immer wieder. So fordert er in dem Aufsatz über Stiedenroths Psychologie (»Naturwissenschaftliche Schriften« 2. Band, Seite 73) mit fast eben den nämlichen Worten, daß der Forscher »alle Manifestationen des menschlichen Wesens, Sinnlichkeit und Vernunft, Einbildungskraft und Verstand zu einer entschiedenen Einheit ausbilden müsse«, und spottet über den Mann der »sogenannten exakten Wissenschaften«, der »auf der Höhe seiner Verstandesvernunft nicht leicht begreifen wird, daß es auch eine exakte sinnliche Phantasie geben könne, ohne welche doch eigentlich keine Kunst denkbar ist.« Den Wert der Erfahrung leugnet er nicht, »so wenig als man den Seelenkräften, in welchen diese Erfahrungen aufgefaßt, zusammengenommen, geordnet und ausgebildet werden, ihre hohe und gleichsam schöpferisch unabhängige Kraft absprechen wird« (»Naturwissenschaftliche Schriften« 2. Band, Seite 24). So gibt er immer und immer wieder und »wieder zu bedenken, daß die Tätigkeiten in einem höhern Sinne, nicht vereinzelt anzuse-

---

[1] Wie durchaus arisch das ist, sieht man daran, daß der Indoarier »alle Beschäftigung mit Beweisen«, also gerade das, was allein wir jetzt für Wissenschaft gelten lassen wollen, Avidja, »Nichtwissen« nennt. Darüber Chamberlain »Arische Weltanschauung« S. 52.

hen sind, sondern daß sie einander wechselsweise zu Hilfe kommen und daß der Mensch, wie mit anderen, also auch mit sich selbst öfters in ein Bündnis zu treten und daher sich in mehrere Tüchtigkeiten zu teilen und in mehreren Tugenden zu üben hat« (»Materialien zur Geschichte der Farbenlehre«, Konfession des Verfassers). Sobald aber einer dieses »Bündnis« wirklich eingeht und sich seiner sämtlichen Tüchtigkeiten und Tugenden zu bedienen unternimmt, ist ihm ja die Wissenschaft eigentlich schon zur Kunst geworden, denn »das Wissen, indem es sich selbst steigert, fordert, ohne es zu bemerken, das Anschauen und geht dahin über, und so sehr sich auch die Wissenden vor der Imagination kreuzigen und segnen, so müssen sie doch, ehe sie sich's versehen, die produktive Einbildungskraft zu Hilfe rufen« (»Vorarbeiten zu einer Physiologie der Pflanzen«, »Naturwissenschaftliche Schriften«, Band 6, Seite 302). Wer sich nämlich nicht in irgendeine besondere »Manifestation des menschlichen Wesens« versperrt, sondern sie sämtlich, ja den ganzen Menschen ans Werk setzt, sieht sich bald in Widersprüche verstrickt, denn wenn sie gleich alle dasselbe manifestieren, so hat doch jede ihr eigenes Element, in das sie alles eintaucht, wie denn das Auge nur sehen kann, das Ohr immer hören muß, und so tut sich ein Abgrund auf, die Brücke müssen wir selber schlagen, aus uns selbst. Je mehr wir alle unsere Kräfte daran wenden, desto weniger kommen wir zurecht, solange wir uns nicht zu einem Gewaltstreich entschließen und nicht, was uns immer noch fehlt, einfach selbst erschaffen. »Idee und Erfahrung«, schreibt Goethe an Schopenhauer, »werden in der Mitte nie zusammentreffen; zu vereinigen sind sie nur durch Kunst und Tat.« Und in den »Vorarbeiten zu einer Psychologie der Pflanzen« (»Naturwissenschaftliche Schriften«, Band 6, Seite 302) baut er eine Pyramide der Wissenschaft auf: unten die »Nutzenden«, über ihnen die »Wissenden«, noch höher die »Anschauenden«, ganz oben aber die »Umfassenden«, von denen er sagt: »die Umfassenden, die man in einem stolzern Sinne die Erschaffenden nennen könnte, verhalten sich im höchsten Grade produktiv; indem sie nämlich von Ideen ausgehen, sprechen sie die Einheit des Ganzen schon aus, und es ist gewissermaßen nachher die Sache der Natur, sich in diese Idee zu fügen.« Das klingt an dieser Stelle fast wie ein verwegener Scherz und als ob er vielleicht nur den Dogmatisten der bloßen Erfahrung, die ihm so herzlich zuwider waren, eins damit versetzen wollte. Es ist aber der notwendige Schluß aller Goethischen, des »herrlichen« Kant Frucht tragenden Weisheit. In den »paradoxen Sätzen«, die er »auf seinen Sommerfahrten« notiert, dann aber nun auch erst noch »in Verbindung zu bringen, die hervortretenden Widersprüche zu vergleichen«, keine Zeit mehr gefunden hat, können wir sie sozusagen im Urzustände belauschen. Sein Hauptsatz steht voran: »Natürlich System, ein widersprechender Ausdruck. Die Natur hat kein System, sie hat, sie ist Leben und Folge aus einem unbekannten Zentrum, zu einer nicht erkennbaren Grenze.« Sodann kommt er gleich auf die »Idee der Metamorphose« zu sprechen, aber wie nennt er sie? Eine »Gabe von oben«, da er ja, was immer er erlebte, erdachte, erträumte, alles vom Genius dargereicht empfand. Von ihr aus gelangt er zur Musik, die er »zum Trutz der Natur« erscheinen läßt. Da haben wir ganz eben denselben Gedanken wieder, als ob die Natur sich dem Menschen fügen müßte, und unmittelbar darauf heißt es denn auch geradezu: »Der Mensch, wo er bedeutend auftritt, verhält sich gesetzgebend.« Damit spricht er aus, was ihm Wissenschaft (jene Wissenschaft, die er sich zur Kunst gesteigert denkt) ist: Gesetz geben. Nicht die Natur enthält das Gesetz und der Mensch entnimmt es ihr, sondern sie erhält es von ihm. Freilich muß aber »unsere ganze Aufmerksamkeit darauf gerichtet sein, der Natur ihr Verfahren abzulauschen, damit wir sie durch zwängende Vorschrift nicht widerspenstig machen, aber uns dagegen auch durch ihre Willkür nicht vom Zweck entfernen lassen.« Es ist völlig das Verhältnis des Künstlers zu seinem Stoff. Auch der Künstler muß sich ja hüten, den Stoff zu »zwängen«, um ihn nicht »widerspenstig zu machen«, und darf sich doch aber auch nicht durch die »Willkür« des Stoffes »vom Zweck entfernen lassen«. Jetzt verstehen wir erst, wie Goethe an einer anderen Stelle (»Naturwissenschaftliche Schriften«, 6. Band, Seite 348) sagen kann, der Naturforscher »verweile am liebsten in der Region, wo Metaphysik und Naturgeschichte übereinandergreifen«. Und so verstehen wir jetzt auch, warum er dem Forscher immer wieder und wieder zur Phantasie rät. »Phantasie ist der Natur viel näher als Sinnlichkeit, diese ist in der Natur, jene schwebt über ihr. Phantasie ist der Natur gewachsen, Sinnlichkeit wird von ihr beherrscht« (»Naturwissenschaftliche Schriften«, 6. Band, Seite 361). Für Phantasie sagt er zuweilen auch »produktive Einbildungskraft« oder »innere produktive Kraft« oder »Ideenvermögen«, gemeint ist immer die unbekannte Kraft, die den Menschen das Geheimnis, das er niemals erkennen wird, durch die Tat berühren läßt. Um die menschlichen Tüchtigkeiten und Tugenden fruchtbar zu machen, muß noch etwas hinzukommen: die Einflüsterung des Genius. Der Genius geht so treu mit Goethe mit wie mit dem Katholiken sein Schutzengel. Niemand hat kindlicher in seinem ganzen Leben überall der »höheren Leitung« vertraut, niemand sich so sehr als das Werkzeug eines verborgenen Plans gefühlt, niemand sich auf Schritt und Tritt so sicher behütet gewußt, er selber war sich immer nur der Empfänger, der Melder des göttlichen Funkens. Gelassen erzählt er, daß nicht er es war, der zur Optik wollte, »ich bin vom Genius dahin geführt worden«. Er klagt über die Last, die er sich damit aufgeladen, »oder vielmehr der Genius hat's getan«. Er ist immer bloß der Apparat des Genius; was er vollbringt, geschieht vielmehr an ihm; was er zu tun scheint, das wird ihm vielmehr angetan. Er hat des Papstes Gregor Hymnus an den Heiligen Geist übersetzt: »Der herrliche Kirchengesang Veni Creator Spiritus ist ganz eigentlich ein Appell ans Genie; deswegen er auch geist- und kraftreiche Menschen gewaltig anspricht.« Und wie seltsam einem das auch vorkommen mag, ihm ist all sein Tun in Leben, Kunst und Wissenschaft immer eingegeben worden, eingegeben von einer höheren, nicht ihm selber eigenen, ja ihm gar nicht bewußten, ohne seinen Willen über ihn hereinbrechenden, ihn überwältigenden Kraft. Und wenn er versucht hat, Wissenschaft als Kunst zu behandeln, so heißt das nur, daß er auch als Erkennender wie als Schaffender die Eingebung der Himmlischen zu Hilfe ruft.

Aber indem nun das Göttliche sich auf einen Menschen niederläßt, nimmt es Menschenart an, und was in einem Menschen der göttliche Hauch wirkt, trägt schon dieses Menschen Züge. Es verdüstert, es trübt sich, der Mensch färbt darauf ab. »Das Wirkende muß trefflicher sein als das Gewirkte«, sagt Goethe, »und die übersinnliche Musik bringt die Musik in sinnlichem Ton hervor.« Wenn alle Wahrheit, deren wir fähig sind, immer nur unsere eigene Tat ist, so kann jede Wahrheit bloß eben für ihren Täter Gültigkeit ansprechen, als sein Anteil am Göttlichen, der Anteil dieses einen Menschen; und jeder andere wird damit für sich nichts anfangen können und sich wieder seinen selbst suchen müssen. Die Wahrheit ist immer dieselbe, sicut erat in principio et nunc et semper et in saecula saeculorum; sobald aber die Wahrheit einen Menschen betritt, hat sie schon einen Zusatz von Wahn und Trug und Albernheit, den eben dieser eine Mensch gar nicht entbehren kann, denn eben dieser Zusatz von Wahn und Trug und Albernheit ist es, wodurch ihm die Wahrheit erst sichtbar wird, jeder Mensch braucht einen solchen Zusatz, aber jeder einen anderen, für jeden muß Wahn und Trug und Albernheit wieder besonders gemischt werden. Alles Wissen ist darum völlig individuell, es gilt nur für den einen, der es weiß. »Ich habe mich durchaus überzeugt, das Liebste, und das sind doch unsere Überzeugungen, muß jeder im tiefsten Ernst bei sich selbst bewahren: jeder weiß nur für sich, was er weiß, und das muß er geheimhalten; wie er es ausspricht, sogleich ist der Widerspruch rege, und wie er sich in Streit einläßt, kommt er in sich selbst aus dem Gleichgewicht, und sein Bestes wird, wo nicht vernichtet, doch gestört.« So spricht Montan aus, worauf im Grunde zuletzt alles Tun, alles Wirken Goethes und sein ganzes Verhältnis zu den anderen beruht: er will seine Wahrheit finden und den anderen ihre lassen. Mit immer anderen Worten ruft er uns das immer wieder zu: »Jeder Mensch muß nach seiner Weise denken; denn er findet auf seinem Wege immer ein Wahres oder eine Art von Wahrem, die ihm durchs Leben hilft.« Und: »Ich schweige zu vielem still; denn ich mag die Menschen nicht irremachen und bin wohl zufrieden, wenn sie sich freuen da, wo ich mich ärgere.« Und wieder: »Was ich recht weiß, weiß ich nur mir selbst; ein ausgesprochenes Wort fördert selten, es erregt meistens Widerspruch, Stocken und Stillstehen.« Und: »Unsere Meinungen sind nur Supplemente unserer Existenz. Wie einer denkt, daran kann man sehen, was ihm fehlt.« Und: »Was originell ist, trägt immer die Gebrechen des Individuums an sich.« Daraus folgt: »Das Schrecklichste für den Schüler ist, daß er sich am Ende doch gegen den Meister wieder herstellen muß. Je kräftiger das ist, was dieser gibt, in desto größerem Unmut, ja Verzweiflung ist der Empfangende.« Denn: »Das Wahre ist gottähnlich: es erscheint nicht unmittelbar, wir müssen es aus seinen Manifestationen erraten.« Daher denn auch Goethes Toleranz, die so gar nichts von der landläufigen, nichts von Unsicherheit, Nachgiebigkeit oder gar Entgegenkommen, nichts von Anbiederung und Konnivenz hat, auch nichts von der Geneigtheit, sich anderen, andere sich anzupassen und die eigene Meinung an fremden, fremde wieder an der eigenen solang abzuschleifen, bis sich allmählich eine mittlere daraus ergibt, die keinem mehr weh tut, aber auch keinem

mehr wohl. Er läßt sich von seiner nichts abhandeln, aber er will sie
keinem aufdrängen, sie wäre ja sonst nicht mehr seine. Er hält sie
fest, aber nur für sich, als sein Eigentum. »Weder polemisch noch
konziliatorisch, sondern positiv und individuell«, ist sein Wahr-
spruch und so verkennt er auch nicht, daß ebenso ja jede von unseren Kräften, jede der Fähigkeiten, Tüchtigkeiten und Tugenden, mit
denen wir begabt sind, auch wieder sozusagen ein eigenes Individuum in uns ist, das auch wieder seine besondere Wahrheit hat, in
die es sich von seinen Mitbewohnern mit ihren Wahrheiten nichts
dreinreden läßt. In demselben Menschen ist Augenwahrheit anders
als Ohrenwahrheit, jeder Sinn hat seine eigene Wahrheit, und die
Phantasie wieder ihre, der Verstand eine andere, das Gemüt eine,
der Wille seine und wenn sie sich alle vereinigen, alle zusammen
wieder eine neue, die sich, so oft sie sich vereinigen, jedesmal wieder anders erneut, je nachdem sie sich vereinigen, und dies erhält
und bewegt unser irdisches Leben, bis es alle Wahrheiten hervorgebracht hat, deren es fähig ist; dann kann es auslöschen. Aber wie sie
sich auch zu widersprechen, ja eine die andere zu widerlegen scheinen, sie müssen alle doch in der Tiefe dasselbe sein: dies werden
wir gewahr, sobald wir handeln. Im Handeln verstummt unser
innerer Widerspruch und was sonst gegeneinander strebt, findet
sich zusammen zum Handeln. Handelnd sind wir, wenn wir aus
unserem Gewissen handeln, der verborgenen, gemeinsamen, ewi-
gen Wahrheit gewiß. Sie kann vom Menschen weder erkannt noch
ausgesprochen werden, aber aufgezeigt, durch die Tat. Wo immer
eine Mutter, tief versonnen, ihrem Kind die Brust reicht, wo immer
ein Mann für seinen Glauben das Schwert zieht, wo immer ein
Mensch reinen Herzens seinen Willen dem inneren Gesetz dar-
bringt, ist sie da. Wir haben sie nirgends, aber überall können wir
sie tun.

Ist auch unsere Zeit noch immer nicht reif für diesen Goethe, den
ganzen und den man in mehr als einem Sinn, doch freilich auch mit
mehr als einem Vorbehalt den katholischen Goethe zu nennen sich
fast versucht fühlt? Keine hat wie sie die sämtlichen Möglichkeiten
des Menschen ausgekostet, keine wie sie sich von allen enttäuscht
gesehen. Wir haben alles erprobt, nichts hat uns standgehalten.
Zuletzt auch dies nicht mehr, daß nichts standhält. Auch das hält
uns jetzt nicht mehr stand; es ist auch schon wieder überwunden, es

war auch wieder nur ein Seitenblick der Wahrheit. Durch alle Verzweiflungen hindurch sind wir geschritten, bis wir jetzt auch am Verzweifeln selbst wieder verzweifeln. Je näher wir uns der Wahrheit glaubten, desto weiter fanden wir uns immer wieder von ihr entfernt. Wenn wir ihr aber dann schon entsagen wollten, stand sie auf einmal mit furchtbarer Gewißheit wieder vor uns da; in jedem Irrtum, jeder Lüge sahen wir ihr verzerrtes Antlitz uns anstarren. So können wir nicht anders, als sie, die wir nirgends erkennen dürfen, überall anerkennen, überall ausüben. Die nackte Wahrheit ist für uns nirgends, aber alles um uns ist ihr Kleid. Von unseren irdischen Sinnen verdunkelt, können wir sie nicht erblicken, aber wir können sie, vom himmlischen Geist erleuchtet, bezeugen. Alles ist Irrtum, mit menschlichen Augen angesehen, aber an allem, aus allem, sobald es der göttliche Hauch berührt, tut sich die ewige Wahrheit kund. Imple superna gratia!

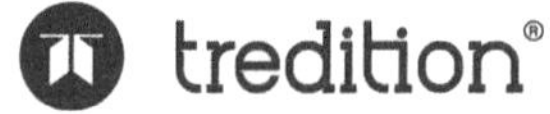

Über tredition

Eigenes Buch veröffentlichen

tredition wurde 2006 in Hamburg gegründet und hat seither mehrere tausend Buchtitel veröffentlicht. Autoren veröffentlichen in wenigen leichten Schritten gedruckte Bücher, e-Books und audioBooks. tredition hat das Ziel, die beste und fairste Veröffentlichungsmöglichkeit für Autoren zu bieten.

tredition wurde mit der Erkenntnis gegründet, dass nur etwa jedes 200. bei Verlagen eingereichte Manuskript veröffentlicht wird. Dabei hat jedes Buch seinen Markt, also seine Leser. tredition sorgt dafür, dass für jedes Buch die Leserschaft auch erreicht wird.

Im einzigartigen Literatur-Netzwerk von tredition bieten zahlreiche Literatur-Partner (das sind Lektoren, Übersetzer, Hörbuchsprecher und Illustratoren) ihre Dienstleistung an, um Manuskripte zu verbessern oder die Vielfalt zu erhöhen. Autoren vereinbaren direkt mit den Literatur-Partnern die Konditionen ihrer Zusammenarbeit und partizipieren gemeinsam am Erfolg des Buches.

Das gesamte Verlagsprogramm von tredition ist bei allen stationären Buchhandlungen und Online-Buchhändlern wie z. B. Amazon erhältlich. e-Books stehen bei den führenden Online-Portalen (z. B. iBookstore von Apple oder Kindle von Amazon) zum Verkauf.

Einfach leicht ein Buch veröffentlichen: **www.tredition.de**

Eigene Buchreihe oder eigenen Verlag gründen

Seit 2009 bietet tredition sein Verlagskonzept auch als sogenanntes "White-Label" an. Das bedeutet, dass andere Unternehmen, Institutionen und Personen risikofrei und unkompliziert selbst zum Herausgeber von Büchern und Buchreihen unter eigener Marke werden können. tredition übernimmt dabei das komplette Herstellungs- und Distributionsrisiko.

Zahlreiche Zeitschriften-, Zeitungs- und Buchverlage, Universitäten, Forschungseinrichtungen u.v.m. nutzen diese Dienstleistung von tredition, um unter eigener Marke ohne Risiko Bücher zu verlegen.

Alle Informationen im Internet: **www.tredition.de/fuer-verlage**

tredition wurde mit mehreren Innovationspreisen ausgezeichnet, u. a. mit dem Webfuture Award und dem Innovationspreis der Buch Digitale.

tredition ist Mitglied im Börsenverein des Deutschen Buchhandels.

Dieses Werk elektronisch lesen

Dieses Werk ist Teil der Gutenberg-DE Edition DVD. Diese enthält das komplette Archiv des Projekt Gutenberg-DE. Die DVD ist im Internet erhältlich auf **http://gutenbergshop.abc.de**